心理学家的预测术

[美] 马修·赫滕斯坦 ◎著 曹梦迪 ◎译
(Matthew Hertenstein)

THE TELL

The Little Clues That Reveal Big Truths about Who We Are

当代中国出版社
Contemporary China Publishing House

图书在版编目（CIP）数据

心理学家的预测术 /（美）马修・赫滕斯坦著；曹梦迪译．— 北京：当代中国出版社，2015.1

ISBN 978-7-5154-0526-1

Ⅰ．①心… Ⅱ．①马… ②曹… ③ Ⅲ．①心理测验 - 通俗读物 Ⅳ．① B841.7-49

中国版本图书馆 CIP 数据核字 (2014) 第 228742 号

版权合同登记号　图字：01-2014-5991

心理学家的预测术

[美] 马修・赫滕斯坦　著　曹梦迪　译

出 版 人　周五一
执行策划　黄　河　桂　林　任小平
责任编辑　张超峰　李　森
特约编辑　刘雪娇　余　涛
封面设计　零创意文化
出版发行　当代中国出版社
地　　址　北京市地安门西大街旌勇里 8 号
网　　址　http://www.ddzg.net　邮箱　ddzgcbs@sina.com
邮政编码　100009
编 辑 部　(010) 66572264　66572154　66572132
市 场 部　(010) 66572281 或 66572155/56/57/58/59 转
印　　刷　广东昊盛彩印有限公司
开　　本　787 毫米 × 1092 毫米　1/16
印　　张　12 印张　217 千字
版　　次　2015 年 1 月第 1 版
印　　次　2021 年 4 月第 4 次印刷
定　　价　32.00 元

THE TELL

The Little Clues That Reveal Big Truths about Who We Are

权威推荐

《心理学家的预测术》学术成果被新浪网、21CN、CNN、《经济学人》、NBC、《纽约时报》等各大媒体争相报道

张学新　复旦大学心理学系教授、香港中文大学教授、心理学家

不经意的细节，竟然能透露一个人刻意隐藏的心性，乃至预测其数十年后的命运！《心理学家的预测术》带你品味生活蛋糕散发的微妙讯息，见证神奇的预测！

戴维·迈尔斯　心理学教授、《社会心理学》(*Social Psycology*)作者

准备迎接惊喜吧！心理学家马修·赫滕斯坦揭示了惊人的发现——如何一瞥便能预测未来。通过各种细节，例如：婴儿的反应、照片中人物的微笑、身体机能、脸型的长宽、对称性以及非语言的微小动作等，一眼便能预知一个人未来的性格、离异的风险、性取向、寿命长短、收入多少、精神状况、是否欺骗以及成功。从而得到了一个伟大的结果：人类预测是一门科学。我敢说，预言这玩意儿绝对是有科学依据的！

金　颖　著名心理专家、CCTV12《夜线》特邀嘉宾

本书可以为你在人生各个领域各种重要因素的分析预测上，提供不错的思维方式和基本方法，值得仔细阅读。同时，这本书也让你有些抓狂，因为你会感到很有意思，很有道理，所以你会想了解更多更具体的方法，这让作者的新作更值得期待。

丹尼尔·平克　《驱动力》（*DRiVE*）作者、“全球50位最具影响力的思想家之一”

有人说，人脑是一部“预测机”。当然，预测有时候也会出现偏差。但是大脑惊人的预测能力常常帮助我们驾驭自然的、社会的以及心理的复杂环境。在这本引人入胜的书中，作者马修·赫滕斯坦揭露了人类预测能力的秘密，教我们训练它的方法，从而对人和事作出更好的判断。本书是年度必读书目！

萨姆·高斯林　《看人的艺术》（*Snoop*）作者

决定人生重大抉择的关键信息往往就藏在你身边的各种蛛丝马迹中，学会利用它们，你可以作出更好的判断。作者马修·赫滕斯坦在书中提供了翔实生动的案例，教你发现蛛丝马迹的方法，从而学以致用，加深你对周围世界的理解。

乔·纳瓦罗　30年资历的FBI探员、《FBI教你读心术》（*What Every Body is Saying*）作者

我一翻开这本马修·赫滕斯坦的新作，就发现此书不但读来有趣，还能启发我以不同的角度观察这个世界。阅读本书是一趟充满惊奇的发现之旅，你将了解我们是什么样的人、我们能够感受到什么、如何做重要决定，还有如何被看似微不足道的小事影响。他是个极少数有能力把复杂的主题拆解成有趣内容的心理学家。

《科克斯书评》（*Kirkus Review*）

赫滕斯坦，美国印第安纳州迪堡大学的心理学家。他在本作中提出了人类大脑具有预测能力，并举例论证了人类大脑“基于对其他人细微举动的观察”可以作出准确判断。

作者经常在美国国家公共电台（NPR）、美国全国广播公司（NBC）《今日秀》（*Today Show*）等节目中出镜、《纽约时报》（*New York Times*）等主流刊物上也有评论发表，这促成了他生动有趣的写作风格。

《心理学书籍评述集》（*PsycCRITIQUES*）

《心理学家的预测术》集娱乐性与知识性于一身，介绍了大量与人类以及人类行为有关的趣味科学。

《图书馆杂志》（*Library Journal*）

马修·赫滕斯坦的新作非常适合普通读者及同业专家阅读，它或许是介绍非语言沟通、遗传学以及行为学最全面的一本著作。尽管这本书采用了通俗易懂的表达方式，但它能为读者提供大量有价值的信息。

THE TELL

The Little Clues That Reveal Big Truths about Who We Are

目 录

THE TELL

The Little Clues That Reveal Big Truths about Who We Are

导 言

留意眼前线索，像福尔摩斯一样“准”

我们每天都会碰到很多问题：晚上去哪里吃饭？该投票给谁？我喜欢的人是同性恋吗？如何选准自己的另一半？这个面试的人聪明吗？如果我遭遇挫折甚至失败，我的盟友会救我还是落井下石？他昨晚真去加班了，还是在骗我？我的孩子将来会得自闭症吗？

这些问题中，有无关紧要的，也有至关重要的。

然而，我们在必须得到答案时往往没有任何头绪。人和人的交流很短暂，大都在一片叶子从树上掉落地面的时间内就结束了。这使得我们只能依靠短暂而狭隘的观察作出决定。

万事皆可预测

本书的核心思想是通过观察他人行为来进行预测。无论是新手还是职业赌徒，只要熟悉“豪斯”（扑克游戏的一种。——译者注）的人都知道“马脚”（tell）的概念，也就是搜集线索来推断对方的底牌。对手是顺子还是一手散牌？如果你让一个职业赌徒来猜牌，他们只需要简单观察对手的眼神、抠牌的速度和呼吸的频率，就可以轻易猜出对方的牌是好是坏。学习看出他人的马脚，也就是线索，它的用处并不仅限于赌博。

观察蛛丝马迹来猜测他人底牌的方法，也可以用来预测其他重要事情。像一个满脸怒容、双拳紧握的人会不会突然一拳打在你脸上这种事情当然不用猜；但如大选结果、500 强企业的盈利、婚姻的成败，以及孩子是否会患上自闭症等，这些都可以从人们不自觉露出的马脚中猜出个所以然来。

如果你想知道下次大选谁将胜出的话，最好问问一屋小孩子怎么想；如果想了解要投资的公司会不会赚钱，公司老总的脸上就写着答案；想弄清正在面试销售职位的家伙能不能卖出东西，千万别信他说些什么，要看他如何表现。有些表情转瞬即逝，有些只是伪装的，但无论如何，一个人露出马脚所泄露出的秘密，比我们想象的要多得多。

我们的大脑可以在生活的许多方面作出可靠的预测，这个观点与许多强调大脑容易犯错的书籍观点相异。比如《哈佛幸福课》(*Stumbling on Happiness*）一书中，丹·吉尔伯特告诉我们大脑在猜测“什么能让我们快乐”的时候能力不佳；而在《怪诞行为学》（*Predictably Irrational*）一书中，丹·艾瑞里展示了“我们是如何犯错的”。过去十年里，这类书籍异常火爆，可能写一本以“我们如何才能不出错”为主题的书籍风险更大。

而这就是本书的主题。

作出准确预测的关键是要知道自己在寻找什么样的马脚。虽然有时候你没意识到，但可能已经掌握了其中的诀窍，比如猜测他人性取向的窍门；有时你认为自己已经了如指掌，但实际上却并没有找对方法，多数人在评价他人性格的时候就是如此。研究人员已经设计出了巧妙的方法，能准确预测一个羞怯的孩子长大后的性格，也能准确预测下一任议员是谁。

这可不是看手相或者算命，而是结合严肃的行为科学以及脑科学研究成果，帮助你培养、运用自己的观察能力。我的目标是，让所有人不再用老办法搭讪、教育孩子、面试他人、参加会议或者投票。本书并不是能够帮你准确预测一切的所谓自助书籍，不过看完本书之后，你至少可以用更细致、更有经验的眼光来看待自己和他人的交流。引用一句福尔摩斯的话：“我培养自己注意所有看见的东西。”

当然，本书中提到的那些蛛丝马迹并不能让你对其他人的所有细节都一清二楚，而是会在特定的大方向上给你一定的提示。我的目标是让你开动脑筋研究书中讨论的案例，它们并非无可辩驳、牢不可破。我也希望能锻炼你的思辨能力，无论是和朋友辩论，还是自己头脑中不同的想法相互碰撞，只要你能做到这一点，在某种意义上我就算是成功了。

预言也是一门科学

许多作者都喜欢在导言中描述自己是怎么对书中的话题产生兴趣的。我也随随大流，说说生活中对于我影响巨大，并最终导致我写下本书的事情。不过呢，我的故事并不完全真实，其他作者的也是如此。如果说心理学教会了我们一件事，那就是我们总是给自己找原因。我自以为很清楚自己写下本书的原因，事实上我想的却是“努力给‘我为什么写这本书’编一个合理的故事”而已。**生活中许多事情也一样，我们似乎很确信自己做事的理由，事实却正相反。**

于是我谨慎地发掘本书的源头。几年前我刚到加利福尼亚读研究生的时候，参加了一个晚宴。一位女士知道我是研究心理学的，便打趣说：“马修，你为什么要研究这个呢？心理学只不过是常识而已啊。”那时候我没有想到完美的答案，但她的话让我寝食难安——心理学看起来的确只是常识而已。比如，你知道在孩子小的时候，如果父母经常给他们朗读故事，孩子长大后会朗读得更好吗？又比如，你知道我们的社交面越广，就越幸福吗？即使你根本不知道，恐怕也不会觉得这有什么新鲜的吧。

又过了一段时间，我与一位生物学研究生住进了一个房间，他研究的是苍蝇的视觉神经基础。虽然他从没说过自己的研究比我的更重要，可我却有些自卑。有些人认为我的研究不过是科学的边缘项目而已。弗洛伊德与其信徒会将这种情况归为“物理羡妒”(Physics envy)。许多人认为物理学是最高级的科学，历史根基深厚，定律和谐，而且还能应用在实践中进行准确的预测。很长时间以来，我都希望心理学也能像物理和其他“真正”的科学一样被人看重。

再后来我第一次接触到了人脑。尽管它只是一堆脂肪，却比任何计算机都更为强大，不但能准确推断物理问题，还会在别人谈论起你“只是常识”的事业时沮丧不已。这堆脂肪，这个神秘的器官怎样才能做到如此复杂的思考？而且，既然进行预测是一切科学的必要条件，那研究大脑预测原理的学科怎么会不是真正的科学呢？

这些点点滴滴就是本书背后的故事，不过我写下本书的最直接原因是我的儿子艾萨克的降生。作为一个研究发展心理学和非语言交流的心理学工作者，我对艾萨克早期几乎所有的行为都进行了仔细观察和分析，这同时也让照看儿子的工作变得有趣起来，不过有时也会耽误我享受与他在一起的时光。不过，看着他一点点地长大，更激发了我对预测的兴趣——我的儿子会成为一个什么样的人呢？

我们的大脑有1 700亿个脑细胞，它们可以进行令人瞠目结舌的预测。我希望我讲述的故事和我的发现不至于让你觉得心理学只是常识，而是能让你惊奇。**因为心理学能告诉我们未来会发生些什么，别人将来会怎么样，以及我们是谁。**

如果你与我一样，也发现在一场宴会中有人对你说“心理学只是常识而已”，那么，我已经自作主张地在每章结尾为你准备好了三四种和直觉相悖的心理学发现，供你作为茶余饭后的谈资。

第1章

我们如何从现在预见未来？

历史悠久的神秘占星术、

塔罗牌占卜是骗术还是科学？

牛顿的万有引力定理只是一种预测而非机理？

科学昌明的时代，有了统计学的辅助，

为什么我们仍然无法精确预测？

极端天气、流感疫情、投资失败……

人类果真能预测未来吗？

2004年12月23日，晴空万里，29岁的美国海军陆战队中士詹姆斯·基德在伊拉克西部的美军阿尔阿萨德空军基地醒了过来，而那天随后发生的事情却彻底改变了他。

基德已经在伊拉克服役将近7个月了，他曾无数次穿过伊拉克干旱的沙漠地带，穿行于敌军阵地执行护航任务。基德和他的队友都明白，这项任务无比危险却至关紧要。

今天基德的部队要护送一些药品、武器和燃油到靠近叙伊边界的阿尔卡伊姆镇，为那里的驻军补充供给。行程时长5个小时，基德开着一辆军用悍马领队，中午时分就赶到了目的地。交接物品后，他们又匆忙踏上归程。归程途中，他们路过阿尔卡伊姆郊外。基德忽然发现一辆雪佛兰停在路肩上。车是20世纪90年代的款式，被漆成了橙白相间的颜色。

车停在路边再平常不过了，可基德却忽然紧张起来，死死盯着驾驶座位上的人。那人看起来年过半百，胡子拉碴，头发有些花白，脖子上也满是褶子。再仔细看，他目光呆滞，牙关紧咬。基德后来回忆说："他看起来就像是兴奋剂打多了，脸上挂着'我靠'的表情。我这辈子从没见过这种表情。"

基德立刻拨通了上司的电话："我刚遇到的一辆雪佛兰车里有炸弹！我们必须立即停止护送行动！"

"别疑神疑鬼！"上司回答说。

基德愤怒不已。如果他的猜测没错，战友们很可能为此负伤甚至丧命。

没过几分钟，基德就听见电台里一阵大乱。"炸弹！真他妈是炸弹！"

因为上司没有听基德的警告，8 名战士负了伤。直到现在，基德还能清楚地回忆起那个自杀式炸弹车驾驶员的模样，也常幻想着如果上司能听从自己的警告，情况会有多么不同。

仅靠别人露出的蛛丝马迹就作出生死攸关的预测，基德中士的经历是我们大多数人永远不会有的。但正如纳特·西尔弗在《信号与噪音》（*The Signal and the Noise*）一书中所写：**"我们的生活离不开预测。我们每次择路上班、考虑恋爱关系、未雨绸缪地存钱，都是在预测未来，预测我们的计划会如何发挥作用以得到理想结果。"**幸运的是，如基德一样，我们都有根据他人发出的非语言信号来预测结果的非凡力量。著名物理学家玻尔说得没错，预知未来很难，但要作出科学准确的预测是有可能的。这也正是本书要讨论的内容。

塔罗牌的预言经得起检验吗？

翻翻字典，你就会惊讶地发现"预测"的同义词竟然如此之多：预示、预卜、预见、预报、预言、预想……长长的一大串。这串词汇告诉我们"预测"以及类似活动对人类的重要性。无论面对的是一场即将来临的洪水，还是下一次日食，人们总是对预测未来痴迷不已。

几百年来，预测的方法繁杂多样，名目也层出不穷。大卫·奥雷尔在《我们能预测未来吗》（*The Future of Everything*）一书中列举了一些方法：

占星术：恒星与行星

骰子占卜：掷骰子或抽签

纸牌占卜：塔罗牌

手相：掌纹

水晶球占卜：水晶球

颅相：头的形状

气候占卜：气象情况

解梦术：梦境

肠卜术：动物的内脏

痣相：身体上的痣

雷电占卜：雷与电

占火术：烟与火

鸟占：飞翔的鸟

马占：马的嘶鸣

茶叶占卜：茶叶或咖啡渣

圣经占卜：圣经经文

灵数：数字占卜

数学模型：天文学、生物学、经济学

虽然已经没有人再依靠马的嘶鸣声或者咖啡渣的气味预测未来，但仍有许多人在通过其他方法进行着预测，如占星术和塔罗牌。同时，数学模型也被用于预测从天体位置到电子旋转轨迹等一系列现象。依靠古典哲学家们，尤其是毕达哥拉斯、柏拉图和亚里士多德的真知灼见，配合现代科学与统计学的发展，我们已经可以对上面列出的大部分预测方法进行检验。通过物理学中量子理论来进行预测已被证明是准确的，而占星术、手相和解梦术则经不起检验。我热爱科学的原因之一就是，无论预测结果对还是错，它都允许我们用系统的方法进行检验。

与其听信股票分析师，还不如扔硬币

如前言所说，过去 10 年中有大量书籍、文章指出，我们的判断和预测漏洞百出。随便拿起一本认知心理学、社会心理学或者心理学导论之类的大学通用课本，就可以发现一大串在判断和预测时会出现的问题，比如：

1. **当事人－旁观者效应**（Actor-observer effect）由琼斯和尼斯贝特在 1971 年发现的一种社会心理学效应，又称当事人－旁观者不对称性或当事人－旁观者偏见。指的是对于同一种行为，行为当事人更倾向于将其解释为受环境影响而非自己的个性使然，而旁观者的解释则正好相反。

2. **锚定采纳经验法**（Anchoring heuristic）、**可得性采纳经验法**（Availability heuristic）**和代表性采纳经验法**（Representativeness heuristic）是人们在进行判断和决策时采用的三种思维“捷径”。锚定采纳经验法是指人们在判断和决策时往往采用一个和已知数据（可锚定值）相近的估计。例如提问：“联合国中非洲成员国的数量大于 35% 吗？”此后如果要求被提问者估计联合国中非洲成员国的数目，人们的估计就接近于 35%；可得性采纳经验法是人们在判断和决策时采用可以想到的例子作为估计的基础。例如提问“以 c 开头的词语和第三个字母为 c 的词语哪一个更多？”被提问者就会试图回忆有哪些以 c 开头和哪些第三个字母为 c 的单词，然后根据一定时间内回忆起的两种单词的数量来作答；代表性采纳经验法是指人们会将更有代表性的事情认为是更可能发生的。例如在回答“一个人戴眼镜，喜好诗歌，谈话温文尔雅，请问他是一个文学院教授和是一个出租车司机的可能性哪个大？”这一问题时，人们倾向于认为文学院教授的代表性特征“戴眼镜”“喜好诗歌”“温文尔雅”的出现会让这个人是文学院教授的可能性远远大于出租车司机，而忽略掉出租车司机的数量远远多于文学院教授数量的问题。

3. **基率谬误**（Base rate fallacy）又称基率忽视或基率偏见。指的是人们在估计概率时往往考虑的是当时的具体事例，而忽略基准概率（即先验概率）。例如，一家航空公司最近发生的一起空难会让人们忽视其之前长期的安全飞行而认为这家航空公司不安全。

4. **信念固着**（Belief perseverance）指人们一旦选择相信某事就会在一定时间内坚持相信，而对其他的相关信息选择否认或忽视。例如，一个人在买入一只股票之后，即使看到该公司的负面信息，也往往会认为是虚假的或暂时性的。

5. **变化盲视**（Change blindness）指人们对一个视觉刺激出现的某些变化会视而不见。

6. **证实偏见**（Confirmatory bias）指人们在搜集信息时倾向于搜集那些证实自己看法的信息。

7. **结合谬误**（Conjunction fallacy）指人们有时会认为一个具体的事件发生的概率比一个相应的一般事件更高。例如，已知一位女性31岁、单身，外向且聪明，哲学系毕业，上学期间非常关注性别歧视和社会公平问题，并曾经参加过反核游行。请问她更有可能是一位银行的柜员？还是更有可能是一位活跃的女性主义者，同时在银行当柜员？大部分人会选择后一个答案。

8. **一致性错觉**（False-consensus effect）又称一致性偏见，属于认知失调的一种。指人们经常高估社会中其他人对自己观点的赞同程度。

9. **功能固着**（Functional fixedness）认知失调的一种，指人们往往将一件东西的用途局限在其常见功能之内。例如被提问“榔头能干什么”时，大多数人只能想到钉钉子等常见功能。

10. **基本归因错误**（Fundamental attribution error）同“当事人－旁观者效应”，见 1。

11. **光环效应**（Halo effect）认知失调的一种，即一个人对他人的总体印象会影响自己对他某个具体方面的判断。

12. **后见之名偏见**（Hindsight bias）又称“我早就知道”效应或潜在认定效应。即人们在知道事件的结果之后，会认为这件事情的可预测性更高。

13. **操控错觉**（Illusion of control）指人们会高估自己对事件的控制能力的错觉。例如，在赌博中有人会认为某种特定的“仪式”会提高自己赢钱的几率。

14. **假想相关性**（Illusory correlation）指人们倾向于将某些并无联系的特征相关在一起。例如人们倾向于认为“黑人”和“暴力”“身体强壮”等特征相关。

15. **本群偏好**（In-group bias）又称本群偏见或群间偏好。是指人们会倾向于喜欢自己所在的群的成员，而不喜欢外群的成员。

16. **不注意盲视**（Inattentional blindness）又称知觉盲视。是指人们在进行需要专注的工作时，会对视野里没有注意的部分的明显变化视而不见。

17. **理由不足效应**（Insufficient justification effect）又称惩罚不足效应。是指人们在抗拒某种欲望的外部理由不足时，就会制造出各种出于自身的理由为之辩解。同样的，如果欲望会招致某种温和的惩罚，则人们也会制造出各种抗拒欲望的理由。例如，一个人如果被迫吃素，他会自我辩解说吃素有益健康。

18. **公正世界现象**（Just-world phenomenon）又称公正世界误区，指人们倾向于相信“善有善报，恶有恶报”，将他人的某些经历归因于对之前善行的回报或恶行的惩罚，即日常所说的“报应”。

19. **损失规避**（Loss aversion）指人们在作出决定时，将规避损失比获取利益看得更加重要的倾向。

20. **记忆偏好**（Memory bias）指人们会根据情况加深、遗忘或扭曲记忆的倾向，例如，人们对好事情的记忆更为清楚。

21. **单纯多看效应**（Mere-exposure effect）指人们对目睹次数多、较为熟悉的东西会产生偏好。

22. **误导信息效应**（Misinformation effect）指在人对信息的记忆和提取之间如果插入误导信息，则会影响到记忆的准确提取。例如，要求被试者记忆一幅汽车停在岔路口标志前的图画，然后在让他们阅读对这幅图画的描述，如果描述中含有“汽车停在停止标志前”的语句，则被试者更有可能回忆起图画中的汽车是停在停止标志前的。

23. **忽略偏见**（Omission bias）指人们会将和“无所作为”造成同等恶果的行为视为更加恶劣或是更加不道德的。例如，一位运动员在明知明天比赛的对手对某种食物过敏的时候建议他吃这种食物，或者他在对手选择这种事物时选择默不作声，一般上人们会认为前者的行为更加恶劣，更加不道德。

24. **乐观偏差**（Optimistic bias）又称不现实的乐观或相对乐观。指人们倾向于相信自己比其他人碰到坏事的风险更小。例如，醉酒驾车的人都认为自己“不会出事”。

25. **峰终定律**（Peak-end rule）指人们对过往事件的判断往往根据的是峰值和终止状态两个因素。

26. **规划误区**（Planning fallacy）指人们在做规划时经常会低估完成一项任务的时间。

27. **首因效应**（Primacy effect）认知失调的一种，指人们会对第一个出现的信息记忆比较牢固。

28. **前向干扰**（Proactive interference）指人在学习新信息的过程中，如果旧的记忆和新知识有所冲突，那么就会遗忘新的信息。

29. **近因效应**（Recency effect）认知失调的一种，指人们会对最后一个出现的信息记忆比较牢固。

30. **逆向干扰**（Retroactive interference）指人在学习新信息的过程中，如果旧的记忆和新知识有所冲突，那么就会遗忘旧的信息。

31. **自证预言**（Self-fulfilling prophecy）指一个人在对未来有所期望时，自己会不自觉地按照这个期望去调整自己的行为，而这些调整最终让期望变为现实。例如，自己认为不擅长某门学科，便在学这门学科时更容易开小差、退缩甚至缩短学习时间，最终导致这门学科成绩差的结果。

32. **自我参照效应**（Self-reference effect）指人们在记忆信息时会以自身作为参照，和自己接近的信息更易被记住。

33. **自利偏差**（Self-serving bias）又称自利归因偏差，指人们将成功的原因主要归于自身的内部原因，而将失败则主要归咎于外部原因。

34. **源记忆失忆**（Source amnesia）指人们能够记住知识本身，但却无法记住知识的来源的情况。例如，许多人可以记得某句名人名言，但却往往不记得是谁所说的。

35. **沉没成本误区**（Sunk-cost fallacy）指人们在作出决断时，往往考虑已经投入而无法收回的沉没成本。例如，因为已经买了一张电影票，所以即使知道电影很无聊但还是选择去观看，但实际上买电影票的钱已经支付，无论看不看电影都无法收回这些钱。

这些问题及一些其他因素导致我们一生中的大量预测都出了错，比如以下几个方面的例子：

幸福感 我们自认为知道什么能让自己感到幸福，但其实我们根本不知道。比如，许多人认为孩子是幸福的源泉，统计数据却并非如此。如果你询问一位母亲，日常事务为她带来的幸福有多少，她会告诉你照顾孩子的幸福感低于社交、休闲、就餐、锻炼、看电视甚至做饭。夫妻双方的满足感在生孩子前达到顶峰，生完孩子后就逐渐下降，而婚姻的幸福感直到孩子长大独立后才会重新回升。我们可能“认为”孩子会带给我们幸福，但事实并非如此。我们生儿育女是为了其他原因。

规划误区　我们对时间、金钱的概念更差。拿装修厨房来说，一项研究表明，将一个阴暗沉闷的厨房装修得像电视广告里那样轻快明亮，美国人认为所需费用大概是 18 658 美元，而实际上这种装修的平均花费是 38 769 美元。另一项研究则是让大学生们现实地预估完成毕业论文所需的时间，最快需要多久，最慢又需要多久。“现实”的学生们认为需要 34 天完成论文，而实际上却花了 56 天。只有为数不多的几个人在他们预测的最快时间内完成了论文，而且即使按照最慢的速度——也就是在“要多糟有多糟”的情况下完成毕业论文，也只有不到一半的学生按时完成。所以说，我们预测完成一件事所需时间和金钱的能力非常差劲。问问波士顿“大开挖”工程（官方名称为“波士顿中心干道、隧道工程”，一项将波士顿的公路改建为地下隧道的项目。该项目是美国历史上最大、最复杂、最具技术难度的项目。——译者注）的计划者吧：这一项目最开始的预估花费是 26 亿美元，而最后却花了 148 亿美元。预测战争的花费同样困难，举个例子：在伊拉克战争中，美国人预估花费 400 亿～600 亿美元就能建立一个新的伊拉克政府，但实际花费却超过了 6 000 亿美元。

经济预测　人们在预测股价上的花费高达数十亿美元，有数不清的报纸、杂志、电视节目和网络博客专门预测股票走势。充满激情的大嗓门吉姆·克莱姆是电视节目《疯狂金钱》（*Mad Money*）的主持人，在每一期节目里他都会预测哪只股票会涨、哪只会跌。他拥有两个哈佛大学学位，又有多年做股市分析师的经验，再加上电视台专门选他来主持这种节目，理论上他总该比普通人预测得更准是不是？结果呢，他选的股票总的来说和市场上其他股票表现并无二致。尽管克莱姆分析得头头是道，选股表现却只是平平。和他情况类似的大有人在，大部分想跑赢市场的人最后都没能如愿。最近一项研究表明，职业分析师对股票走势的分析准确率只有 47%。正如经济学家伯顿·马尔基尔在其名著《漫步华尔街》（*A Random Walk Down Wall Street*）中所写："蒙住一只猩猩的眼睛，让它往《华尔街日报》（*The Wall Street Journal*）上扔飞镖，扔中的投资组合和'专家'们看上的股票不相上下。"

政　治　如果从 1 到 10，1 代表对政治完全不感兴趣，10 代表狂热的政治瘾君子，那么我在 10 分里大概会得 7 分。我喜欢看政治文章，喜欢看政治类谈话节目，喜欢看口若悬河的评论员们猜测下次大选中谁会胜出。这些评论员们如饥似渴地研读政治信息，按我的标准，他们都是 10 分。你可能会认为他们的政治素养会让他们的预测有点准头，当然这也是有人请他们写专栏、上新闻节目的原因。但事实上并非如此，那些自封的政治评论家们对大选结果预测的准确性跟瞎猜相差无几，还不如靠扔硬币来预测谁将获胜。

在我的印象中，普通人及一些心理学专业人士都相信人脑有缺陷，预测不可能准确。当然，我没作过调查，这只是我的印象而已。从上面的证据来看，这么说似乎没什么问题，虽然有时也不尽然。

人脑就是一台预测机

科学研究者越来越认同“人脑是一台预测机”这种说法。它并不仅仅是把我们所接触到的信息存储起来而已，还能在事件发生前就进行有意识或无意识的预测。杰夫·霍金斯在其著作《人工智能的未来》（*On Intelligence*）中这样写道：“预测不仅仅是你大脑的一项功能，更是新皮层的主要功能，也是智能的基础。”

我们见过无数人，他们外貌不同，经历迥异。大脑能从这些纷繁芜杂中找到规律：如果发生了X，Y就很可能发生。很多时候，我们捕捉这些关系靠的是潜意识的自动雷达，如果只靠意识是无法处理这么多信息的。尽管如此，我们的大脑还是在不断根据过去的经验计算着未来事件发生的可能性。

大脑的预测功能最早来源于进化。“根据少量信息来预测他人行为”能够遗传下来是因为它具有进化优势。从进化角度来看，根据信息迅速预测他人是否会发起攻击或欺骗自己，快速判断周围人的情况能帮我们很好地适应环境。我们对他人的预测能力有一部分是自然选择的结果。自然选择一代代积累，将我们的大脑调校得反应敏锐，让我们能根据最不起眼的线索对他人作出预测。尽管这种预测的神经机理尚不清楚，但已有人开始进行这方面的研究。

然而，我们的预测能力并不仅仅来自遗传和演化，还有很大一部分来自生活中的学习。当然，学习也是我们演化出的能力之一。婴儿刚出生时，大脑只有成人的1/3到1/4大。而发育成熟的大脑约重1.5千克，拥有860亿个神经元，而且每个神经元都与其他成百上千的神经元相连。大脑日复一日地对我们所处的环境作出反应，并不断根据新的信息作出调整，积累着每次人际交互的点滴，从中学习环境事件间的联系。这一切最终都会引起大脑的变化。发展心理学工作者将这种学习称为“贝叶斯学习”（Bayesian Learning，源自 18 世纪神学家、哲学家、数学家托马斯·贝叶斯。——译者注）。我们的预测从不完美，但是大脑却总在计算着未来将发生情况的概率或可能性。

事实上我们本身就是经过亿万次计算而形成的复杂统计机。

我想我有义务说明科学研究中的三点限制条件。首先，正如很多气象工作者所说，对自己的预测要谦虚，而且不要根据单一事件进行预测。气象工作者们对某个热带风暴的运行路线的预报是公开的。我们经常发现预报是错的，预报得越早，错误率就越高。只是我们没意识到，天气预报是概率性的。

科学的任务是研究、概括经验，即事情通常是怎么样的，而不是确定的或者逻辑论证出来的。几乎所有科学研究进行的都是概率预测，像量子理论这类准确性很高的学科，可以准确归纳电子的某些性质，得出如“……在 1/10 之内”这样的高精度数据。而诸如气象、地震、医学、遗传学之类的学科，预测就没有那么准确了。行为科学并非特例，其变量间也是概率关系。从这一点来说，我恳请大家在根据线索对特定事件作出预测时，谨慎为上。无论是预测他人性格，还是看他人是否说谎，又或是其他什么结论，都须谨慎。

此外，也请牢记：**存在一个跟某种统计规律相悖的特例并不意味着统计规律是错的**。在心理学导论课上，我告诉学生，寿命和责任心有着一致的统计关系。有责任心的人有如下特点：可靠、提前做计划、所有细节面面俱到、做事以任务为中心。这样的人比无计划、粗心、不能按时完成任务的人的平均寿命要长得多。但几乎每一次，都会有一个半信半疑的学生举手提问：“我认识一个人活了 95 岁的老家伙，他绝对是我见过的最没责任心的人类。”接着，又有学生会附和：“我认识一个非常负责的人，可他 45 岁就死了。”

这样的例外并不稀奇。实际上，心理学很难让人深信不疑的原因就是“总有例外”。虽然人人都知道某些治疗方法只对一些人有效而对另一些人无效，但他们却从不怀疑医学的科学性。无数科学学科都承认其研究正确性是有概率的。

最后一个弱点往往被人忽略，报道科学发现的新闻工作者们尤甚：**“相关并不等于因果。”**简单来说，仅仅因为两个变量相关就认为一个是因另一个是果，这在逻辑上是错误的。比如我刚才说过的：负责的人比不负责的人活得长。这两个变量是相关的，这意味着如果你知道一个变量的值就可以预测另一个。所以，如果你知道一个人非常负责，你可以预测他比非常不负责的人更可能长寿。然而，我们却不能说“责任心强弱导致寿命不同”之类的话。有可能是责任心导致寿命不同，也很有可能另外一个变量才是真正的原因，比如有责任心的人健康习惯更好。

本书讨论的大多数研究工作中，研究者们都系统化、客观地观察世界，并找出变量之间的可靠关系。我们可以据此作出预测，然而在找原因时必须小心。我本可以在书中从始至终都提醒你这一点，但既然莎士比亚说“简洁是智慧的灵魂”，我就不啰嗦了。

我曾提到过，有些科学分支全都是靠相关数据来进行预测的。专注于预测而非解释的科学家中，最著名的要数牛顿了。他在《自然哲学的数学原理》（*Principia Mathematica*）中提出了最重要的预测模型：万有引力模型。牛顿发表引力理论时，有人批评他没有解释引力的机制而只是用它来预测引力大小。牛顿并不理会这些要求解释引力理论的人，他说“假设不是想象出来的”，“我不提出什么假设”。牛顿很满足于其理论预测能力，而不想解释原因。最终，大家能弄清引力的机理还得感谢爱因斯坦的广义相对论。这也告诉我们：有时在科学研究的过程中，首要是找到变量间的关系，并根据这些关系作出某些推断。

记住这几点后，我们先来回忆一下自己的童年。

第2章

以貌取人不只适用于大人，看小孩更准

怎样在小孩1岁半之前发现自闭症征兆？

儿童对陌生情境的反应是基因造成的吗？

胆小鬼和勇敢者的生理区别在哪里？

45分钟实验预测哪些孩子将来会怯懦且焦躁，

哪些会生活得轻松自如。

如果早期干预得当，基因并非宿命。

我很难理解为什么生孩子这种在人类历史上已经重复了1 080亿次左右的事情会让夫妻两人觉得很特别，直到我的儿子出生后，我才理解了这一刻的神奇所在。

我的儿子艾萨克是在晚上9点多出生的。他出生后得了黄疸，不过几天后就康复出院了。接下来的几周里，我们与其他有新生宝宝的家庭一样，晚上不停被吵醒，经常翻书查看怎样照顾孩子，频繁更换尿布。与大部分父母一样，我和妻子都为自己创造了美妙的生命而着迷。我知道这都是陈词滥调，但这种话之所以能成为陈词滥调是因为它们总没错。

儿子出生前我就告诉自己，在他出生后的头几周，我会像其他父亲一样享受和他在一起的时光，而不是拿他当“实验品”。然而没过多久，好奇心就战胜了我，我开始放下父亲的身份，以一个发展心理学家的眼光来观察他。

我曾观察过数不清的孩子，并试图窥探他们的心智。从这个角度看，艾萨克的出生能让我的个人生活与职业生涯结合起来。比如我会敲敲他的两只手掌，观察他对这种刺激的反射性反应：他张开嘴，闭上眼睛，脖子向前收缩。当我把他仰面放下时，他几乎立即就会做出击剑手般的反射动作：蹬右脚，两臂同时伸出，仿佛手持长剑在与对手搏击。在初为人父的头几个月里，我享受着身为父亲和发展心理学者的双重乐趣。

但是好景不长，我的兴奋和得意不久就变成了担忧，继而变成了警觉。在 1 岁半之前，艾萨克的成长有好几点与众不同：

- 我们与他交流时，他几乎从没看过我们的眼睛；
- 大多数孩子玩躲猫猫时都会咯咯直笑，而艾萨克则面无表情，丝毫没有流露出高兴的样子；
- 1 岁前，从未见过他咿呀学语。这种行为虽然看起来毫无意义，却是语言发展的基础；
- 1 岁前，他从不会指着一件东西让我们看，而大部分孩子在这个年纪都已经会这样做了；
- 艾萨克 14 个月时才会爬，比别的孩子迟了 1 倍；
- 他有时会来回摇晃，仿佛沉浸在自己的世界里。

艾萨克让我感到前所未有的焦虑，我怀疑他可能患有自闭症谱系障碍，这是一种以社会交流、交互障碍以及固执的重复性行为为特征的神经发育障碍症。程度有轻有重，患这种病症的孩子表现各不相同，有些孩子的功能还算正常，其他孩子的功能则有严重障碍。目前，每 110 名新生婴儿中，就有 1 名患有自闭症，而女孩的发病率是男孩的 4 倍。自闭症谱系障碍基本被认定是遗传性的病症，如果两个同卵双胞胎中的一个患有自闭症，另一个则有 60% ~ 90% 的可能也患有自闭症；而异卵双胞胎中的另一个患病的可能性只有 0 ~ 10%。由此可见，基因在自闭症的发展中起着关键性但不是决定性的作用。

我忧心忡忡，基因传递会在艾萨克身上如何发展？他的未来会如何？

他会像其他孩子一样玩闹吗？他能进行足球或棒球队里的团队配合吗？他会有好朋友吗？他能不能找到工作？我们是不是要照顾他一辈子？这些忧虑及许多其他问题萦绕在我脑海。我无法控制自己不去想象所有可能的结果，而没有一种结果是令人愉快的。

当然我和儿子也有很多快乐的时光，所以我不想过分强调我内心的焦虑。然而因为我的大多数研究都与婴儿相关，所以我没法不去分析艾萨克的发育，于是我这种焦虑便越来越深。而在艾萨克出生之前，观察分析新生儿的习惯已经融合在我的血液里了。

尽早识别自闭症前兆

我对朋友或艾萨克的医生说起他表现出一些自闭症的征兆时，他们大都这么回答："别着急，他还小呢。"我不喜欢这样的答案，不过考虑到大部分孩子被诊断出自闭症是在 4 岁以后，他们这么说也没错。可如果等到 4 岁后才诊断，那治疗效果就会差得多。

基因和环境相互作用，塑造出一条条神经通路，慢慢由下而上地筑成大脑结构。因此，对幼儿生活环境施加控制，基本就能改变组成大脑的神经连接。就像米开朗基罗雕刻大卫或圣母怜子雕塑一样，环境也在塑造着我们的大脑。大脑的可塑性（也就是大脑因经验而改变的程度）随着年龄增大而降低。因此，在大多数情况下，早期干预是改变孩子发育轨迹的关键，而不是"再看看吧"。

越来越多的证据证实早期干预在治疗疑似自闭症方面的威力。有专家说："你的终极任务就是防止某些自闭症症状的形成。我并不是说这就能治好病，但这可以通过早期干预改变孩子的发展轨迹，从而让他们永远都达不到自闭症的诊断标准。而一旦自闭症完全形成了，再考虑这些就晚了。"

这就好比在还没有心肌梗死时先给心脏做 CT 扫描来诊断心脏疾病，尽可能地发现并通过改变饮食结构和加强锻炼来防止其发展，而不是等心肌梗死发作了才付诸行动。当然，正如我们无法挽救所有心肌梗死病人的生命一样，我们也不大可能完全防止自闭症发病，但这仍然值得一试。

大多数孩子在 4 岁时才可以被确诊为自闭症，幸运的是，研究人员已经开始寻找能够在孩子 4 岁前准确预测自闭症的早期征兆。但这些“征兆”都不是生理特征，因此类似验血或者脑部扫描之类的方法对此毫无帮助，这让问题变得复杂起来。

尽管研究人员没有发现相关的生理征兆，但他们已经发现了一系列行为特征。通过最初 1 年半内有时出现的一些短暂的非语言线索，我们就可以准确预测哪些孩子将会患上自闭症。

发现这些行为征兆的过程是科学工作的优秀典范：最初，研究人员根据对文字记录、父母的记忆和汇报进行个例研究，但这种方法碰到了许多困难，比如，在一个孩子身上发现某种行为可以预测自闭症，但在另一个自闭症孩子身上可能完全找不到这种行为。在 20 世纪 90 年代，法国研究人员分析了后来患上自闭症的孩子的家庭录像，他们在这些回顾性研究中找到了行为特征的首要证据。然而这一方法也存在一些问题，比如父母并不会把孩子在所有场合下的所有行为都拍摄下来。

研究人员真正需要做的是在孩子们患上自闭症前，在各个不同的发展心理学领域（认知的、社会的、生理的）对其进行评估。不过这仍然困难重重：20 世纪 90 年代，每 1 万个孩子中，只有 5 个被诊断出自闭症。这样一来，为了找到足够多的自闭症案例，需要带到实验室进行彻底观察的孩子的数量就多得吓人了。不过，一个由美、英、瑞典和以色列研究人员组成的小组找到了一个聪明的办法来解决这个问题：他们找到患有自闭症的儿童，然后研究他们的弟弟妹妹（这些年幼同胞患病的几率比普通人高 20 倍)。因此，研究人员可以对高风险婴儿和低风险婴儿进行对比，这种前瞻性研究对于找到能直接预测自闭症的行为线索至关重要。

以下是一个可以用来诊断自闭症的各方面早期征兆的列表：

自闭症早期征兆

社交 （显著缺乏或异常）	1. 凝视与分享或共同注意力； 2. 情绪反应及情绪调节； 3. 社交性和反射性微笑； 4. 社交性相视而笑； 5. 社会兴趣及共享乐趣； 6. 被叫名字时头会转向呼叫者； 7. 发展出手势； 8. 各种交流方式间的协调。
玩耍 （具有右边显著行为）	1. 对物体动作的模仿明显较少； 2. 对玩具等明显地操纵过度或视觉探索过度； 3. 对玩具和其他物体持有显著的重复性动作。
语言和认知 （显著缺乏、发育迟缓或不符常规）	1. 认知的发展； 2. 牙牙学语，尤其缺乏互动式的牙牙学语； 3. 语言的理解和创造表现异常； 4. 语感或音色异常； 5. 早期词汇消失。
视觉及其他感官活动能力 （具有右边显著行为）	1. 视觉跟随或视觉停留显著异常，且对物体进行异常检视； 2. 对声音及其他感官刺激的反应明显不足或反应过度； 3. 活动程度明显不足，且粗略和精细活动技能的发育显著迟缓； 4. 异常的姿势或活动姿态。

每当我谈及能够用来预测自闭症的征兆有如此之多，大家都会惊讶不已。人们有时认为自闭症只是交流障碍而已，实际上自闭症谱系障碍会影响到儿童生活的许多方面。而我在艾萨克身上就注意到了这

一点：他的微笑、语言以及许多活动能力的发展（比如坐、爬、走）的发育都延迟了好几个月。另外，叫他名字时，他也经常不理不睬。

儿童医生认为我的怀疑确实值得注意，而脑部扫描也证实了艾萨克大脑中蛋白质不足，这些都说明可能要出问题了。6 ~ 9 个月时，艾萨克还没有被诊断出自闭症，但我们采取了非常积极的早期干预，希望能重构他的大脑，从而改变他的发展轨迹。我们花了好几百个小时对艾萨克进行实验证实过的行为治疗方法来帮他恢复。

根据一些研究者的工作成果我才得以发现艾萨克疑似有自闭症，为此我永远感激他们。现在，艾萨克是个健康的男孩，完全没有自闭症的症状。我们的治疗真的让他的大脑有所不同吗？或许就算我们什么也不做，也会得到相同的结果？我们永远都没法知道确切答案。身为科学工作者，我知道个例研究即使能告诉我们一点因果关系，也无法以偏概全。但艾萨克是我的儿子，我认为最好还是采取可能会改变他一生的干预治疗，而不是“再等等看”。大部分父母如果知道如何预测自闭症的早期症状，也会采取相同做法。

45 分钟，验证婴儿反应、预言未来性格

那么，其他主要由基因引起的发育问题是否也能根据早期的行为来预测呢？我从爱荷华大学毕业后的那年开始琢磨这个问题。那时我正准备去西岸的一所研究生院攻读儿童发展心理学。我想，既然研究生的大部分时间都会待在实验室里，那么花一个夏天在自然环境中观察幼儿是个不错的主意，我的想法果然没错。

我在伊利诺伊斯州的一个夏令营里找了份工作，这离我父母在威斯康星州的住所约 35 公里。夏令营的地点在几百亩的大森林中，其目标是提高参与者的领导能力和生存技能。营员包括从小学低年级到

初中高年级的学生。

夏令营中一位名叫威廉的孩子给我留下了深刻印象。第一次见到他，我就伸出右手自我介绍，然后问他的名字。我喜欢与孩子握手，因为我觉得如果他们还不会和成人交往，这对于他们学习社交很有好处。这时，刚从幼儿园升入小学的威廉却向后退缩了一步。

每个孩子见到陌生人时反应都不同，所以最初我并没有多想，但后来，他不断出现类似行为引起了我的注意。那年夏天我经常见到他，他极其羞怯、沉默寡言，而且越鼓励越羞怯。我教他所在组的孩子玩一个“退缩”（Flinch）游戏。这个游戏很简单：所有人围成一圈，再选一个人站在中心，站在中心的人给其他人扔球，其他人的目标是接到球，但如果站在中心的人假装扔球，其他人就要抵制抬手接球的反应，也就是要做出退缩的动作。

我对威廉连哄带骗，才让他也站在圈子上。刚开始我轻轻地把球扔给几个小孩，他们都接住了。接着，我又假装扔了几次，大概有3/4的孩子退缩了，剩下的则成功控制住了接球的欲望。而当我假装扔球给威廉时，他却摔倒在地，大哭起来。他觉得这个游戏非常难熬。威廉并没有自闭症谱系障碍，但他却是我见过的最克制、最焦虑的小孩。有些孩子带着热情尝试新游戏和新奇好玩的活动，可威廉却不愿尝试，即使尝试也总是战战兢兢的。

儿童对陌生和意外事件的反应不同是什么原因所造成的呢？是基因？还是父母的养育方式？又或是两者共同作用的结果？于是我开始好奇威廉的婴儿期是怎么样的，是大哭不止、情绪低落，还是跟普通孩子一样，2 个月后就很少哭了？另外，我也好奇他将来的生活会怎么样，是满足而幸福，还是一辈子都惴惴不安？

夏天结束了，我收拾好东西去了研究生院。在实验室里我测试了数不清的婴儿，并且立即注意到他们的行为有明显的差异。当我用仪器测量婴儿的生理状况时，有些婴儿会踢腾着蜷缩起来，使出浑身力气大喊大叫；另一些则很温顺听话，表现得十分平静。

在研究生院的第 1 年，我全身心地投入哈佛大学心理学家杰罗姆·凯根的研究工作中。凯根的主要研究任务之一是追踪调查那些行为抑制度很高的孩子。行为抑制的孩子在面对新环境、新面孔或新事物时表现出警觉、谨慎和焦虑。这种行为倾向和自闭症一样，很大程度上是受到基因的影响。

凯根的开拓性研究表明：早期的行为抑制态度会对人造成持久影响。他的研究结果回答了我对于威廉的疑问。

凯根曾研究过波士顿地区足月的高加索婴儿，他一直追踪这些婴儿到他们青少年时期，这是凯根最著名的研究之一。想象一下，凯根的实验室邀请你和你 16 周大的孩子去实验室，同去的还有其他 500 名婴儿。你按照研究人员的要求将孩子放在舒服的婴儿椅上，研究人员安置了一架摄像机拍摄他的身体。然后是一组 45 分钟的测试，研究人员会对孩子作出千奇百怪的刺激：播放录好的句子或各种怪声录音，用五光十色的风铃在孩子面前晃来晃去，在孩子的鼻子前放一团带有刺激性气味的棉球等。凯根感兴趣的是孩子们的躯干动作和四肢的移动，以及他们所表现出的情绪。凯根在实验室中营造了一个可以观察和系统研究婴儿各类蛛丝马迹的环境。

根据凯根的研究，约 1/5 的婴儿会“胳膊、腿僵直，忽然做出激烈动作，有时还身体后仰，再严重的话他们会焦躁不安甚至大哭起来”。凯根将这些婴儿称为“高度反应性”（high-reactives，以下简称高反应）的婴儿。另外还有 2/5 的情况与之正好相反，他们十分冷静，对任何刺激不哭不闹，几乎动也不动。凯根将他们称为“低度反应性”（low-reactives，以下简称低反应）的婴儿。其余婴儿的行为则介于这两种极端情况之间。

等这些孩子到幼儿期、童年期、青春期和成年早期的时候，凯根会再次邀请他们回到实验室。和其他研究行为抑制的专家一样，凯根发现这些孩子从幼年到成年的行为和生理状况都非常稳定。从 4 个月大的孩子在实验室中的行为就可以预测他从儿童时期一直到成年时期的发展状况。类似威廉这样的情况从婴儿期的行为就可以预测出来。

凯根在其著作《盖伦的预言》（*Galen's Prophecy*，盖伦是古希腊名医。——译者注）一书中，列举了一个名叫劳拉的孩子的案例。劳拉是一名高反应婴儿，后来成为一名抑制型儿童。从劳拉 4 个月大开始，她的父母就带她去凯根的实验室参加一系列的 45 分钟测试。她从一开始就不安地扭动，双腿四处乱踢。当实验员拿着风铃在她面前晃动时，她开始身体后仰，号啕大哭。她的反应太大以致凯根不得不停止实验。劳拉 9 个月大时又一次来到凯根的实验室，她妈妈拿出一个玩具恐龙，她就又开始大哭不止，最后干脆蜷缩在椅子里扭头不看恐龙。14 个月大时，在测试前的热身阶段，妈妈一将她放在地上她就号啕大哭，在整个实验中有类似行为的孩子只占 5%。实验似乎让她越来越痛苦。只要一有陌生人进房间，她就焦躁不安，大哭大闹。而实验人员一旦给她带上心率监测装置和血压计，她就不肯把手伸进装有液体的杯子里，也不肯喝水。劳拉 21 个月大时，情况还是一样，陌生人一进房间她就跑到妈妈身边，一边哭一边叫着“不要不要”，陌生人换装成小丑，她仍是同样的反应。

根据实验不同，低反应婴儿的态度会产生变化，如果实验本身更有活力，他们就会变得更随和，也更有热情参与实验。凯根描述了一个叫做安娜的被试者，她跟劳拉正相反，4 个月大时几乎没什么动作，也没有不安。在儿童和少儿时期她也不觉得害怕，很兴奋地把手放在一杯液体当中，实验员给她带心率计和血压表时她也很高兴。面对陌生人、小丑和玩具，她也乐意去接触。

高低反应的行为特征会一直延续到青春期。实验员采访 15 岁青少年时，高反应的人很紧张，不苟言笑，低反应的人经常微笑，神态自若，这和婴儿期并无二致。凯根的团队还测试了这些青少年的乐观和阴郁状况。高反应的婴儿长大后自我感觉比其他人更严肃，做事之前顾虑颇多，他们希望自己能够更轻松，同时认为自己不那么好相处。他们还称自己对不熟悉的环境非常担忧。

凯根描述了一个被诊断出患有社交焦虑障碍的 15 岁少年。他 4 岁时和其他高反应婴儿一样，整个测试过程中都上身后仰，表情痛苦。到了儿童期，一有陌生人进入房间或是实验员要把测量仪器接在他身上时，他就大声尖叫。凯根说这个孩子在人群中会觉得恐慌，因此大部分时间都窝在自己家里玩电子游戏。青少年时代，他因为焦虑而很长一段时间无法去高中上课。凯根写道："纵观这个孩子的经历，我们可以下结论说他的高反应特征在很大程度上影响了他现在的情绪和个性。"

人生轨迹不由基因决定

高反应和低反应儿童在生理上有没有差异呢？答案毫无争议：有。凯根等人发现了一系列可以区别出这两种人的生理特征。

- 凯根研究的儿童长到 11 岁和 15 岁时，高反应人的右额叶脑电图的诱发次数比低反应人要高出 5 倍之多；
- 高反应组和低反应组的循环系统也有所不同，前者的交感神经系统更活跃；
- 最后还有一项区别，那就是高反应婴儿长大后腹内侧前额皮层右侧会增厚，而低反应婴儿长大后眶额叶皮层左侧会增厚。

婴儿期进行的一个简单的45分钟测试居然可以预测一个人18年后的大脑回路。

这些生理差异促使凯根及其同事检查了影响这些生理特征的一部分脑结构：杏仁核。“杏仁”（almond）一词来自希腊语，描述的是这部分脑部形状。它位于脑侧叶底部，协助我们侦测环境中的警报并作出反应。凯根及其同事在《科学》（*Science*）杂志上发表了一篇里程碑式的论文：他们追踪调查了一些20岁出头的人，其中13人在儿童期被归类为行为抑制型，9人归于非抑制型。凯根对这些被试验者进行功能性核磁共振（fMRI）扫描，这种扫描可以检测脑部活动。他先给被试验者看了一组人脸照片并进行脑部扫描，建立测量大脑活动的基准。然后，他给被试者看另一组面孔，其中有些是重复第一组中出现过的照片，而有些则是没有出现过的新面孔。

我真希望自己能够在场见证凯根得出这些实验结果的那一刻。胆小儿童和胆大儿童的关键不同点，可能就藏在杏仁核中，数十年的研究让他找到了间接证据。而现在他有可能第一次找到直接证据：胆小的孩子长大后看到陌生面孔时，杏仁核的反应会比胆大孩子的杏仁核反应要强烈得多。凯根的一位同事说：“我们的发现不但契合‘气质不同的人杏仁核功能也不同’这一理论，还表明了一个人幼年时和长大后对事物的观察具有一致性。前者是采用早期技术无法证实的理论。”

羞涩谨慎的孩子的杏仁核犹如过度灵敏的汽车警报器，一有风吹草动就警铃大作。凯根和他的同事们认为不熟悉、不可预见的事物会激活杏仁核以及其他脑结构，让高反应儿童的内在状态加剧。这种情况在高反应儿童中比低反应儿童更多，这也解释了为什么前者在不熟悉的环境中会变得警觉而焦躁。到目前为止这只是一个暂定的解释，但这是对高反应儿童大脑情况的最佳猜测。

正如基因不一定会使一个孩子罹患自闭症一样，凯根的数据也揭示了同样的道理：如果抑制得当，生理问题并非宿命。如果你家里有一个高反应儿童，那么父母就要牢记这一点。遗传会给孩子预设大脑结构，但大脑有着非凡的可塑性。在凯根的研究中，并不是所有的高反应儿童在长到 11 岁或者 15 岁时都会羞怯不安。到了这个年龄阶段，孩子可以控制他们的表现和行为。有一些在青春期前和青春期观察到的谨慎行为会消失，而生理条件并没有妨碍他们接触陌生人和陌生环境。不过，高反应儿童变得活泼健谈的例子就比低反应儿童少见得多。就像有些人无论多努力，先天条件也决定了他们不能成为理论物理学家一样，高反应儿童缺乏变得外向活泼的生理基础。而低反应孩子也不大可能变成被动、内向、沉默寡言的人。按照凯根的说法，到 11 岁时只有不到 5% 的高反应儿童和低反应儿童产生了和生理组别不同的行为特质。高反应儿童几乎没可能变得轻松自如，而低反应的儿童也几乎不可能变得神经质。他们的成长只有两种可能：要么保持原来的行为特征不变，要么变得不再过分极端。

如果生理基础是可以后天塑造的，那什么样的环境会影响高反应儿童的生理倾向呢？凯根提出了一些可能的手段：

- 母亲温柔地鼓励高反应婴儿和儿童探索周围的环境，而非避免他们接触陌生情境，会让孩子不那么胆小；
- 家长过度的批评会让高反应儿童产生焦躁情绪，从而放大他们个性中的焦虑成分；
- 家长的榜样很可能会影响基因遗传的表达。如果一位高反应婴儿在成长过程中观察到的是焦虑不安的父母，他就会认为自己的焦躁和谨小慎微是家族传统；反之如果高反应儿童遇到坚毅的父母则会认为自己也勇敢无畏；
- 凯根相信，高反应儿童成长的环境越复杂，就越能影响他们接下来的发展情况。极度羞怯的孩子如果和一群勇敢的孩子一起成长反而会起到消极作用，对家长和孩子都是如此，因为这种差异本身就可能加剧怯懦心理。

自闭症的早期发现和凯根对发育早期性格的研究至少告诉了我们以下两点：

第一，根据婴儿期行为对人未来的性格进行准确预测是有可能的。对自闭症来说，这些行为会在出生第 1 年前后间歇出现，而凯根的研究表明：根据一次 45 分钟的婴儿行为实验结果，就可以进行一定程度的预测。威廉如果去参加凯根的实验，可能就是一个高反应儿童，他的一生可能都会谨小慎微。如果你在工作或其他场合碰到一个社交焦虑的人，请记住他们很可能是受天生的生理特质影响而变成这样的。

第二，自闭症和性格研究都指出：基因对我们成为怎样的人有着关键作用，但不是决定性作用。正如一位心理学家所说："遗传负责发牌，环境负责打牌。"大脑的可塑性比我们想象的要高得多。对儿童进行干预，防止其被诊断出自闭症，或者让焦虑的儿童多参加社交活动适应社会，这都有可能对孩子长大后的状况产生很大影响。我永远也不会知道，如果我不对艾萨克进行干预治疗，他现在会是什么样子，但试着去阻止他发展成自闭症又怎么可能会是一种错呢？家长和教育工作者都有义务认识到自己会对儿童大脑的重构有多么巨大的影响。

饭后谈资

1. 预测自闭症　虽然通常要到 4 岁才能确诊自闭症，但小孩出生一年半之内就能观察到自闭症的征兆。

2. 预防自闭症　越来越多的证据表明，早期环境干预确实能预防自闭症的发生。早期干预可以重组大脑结构，改变疑似自闭症患者的人生轨迹。

3. 性格的稳定性　研究人员通过 45 分钟的实验就能预测出哪些孩子将来会怯懦而焦躁，哪些又会生活得轻松自如。

第 3 章

依恋行为系统：幼年特征预示成年性情

如何预测孩子会成长得独立自信，

还是活在社交阴影中？

父母对孩子情绪的敏锐程度如何影响他们的性格？

依恋类型能预测青春期发育时间？

不安全型女孩怀疑自己活不到生育年龄，

可能会性早熟以提高繁衍后代几率？

只需 6 小时干预治疗，

就能大幅提升孩子的安全感！

在我居住的城市里有一座用栏杆围起来的游乐场，里面有数不清的滑梯、秋千和跷跷板。过去几年我曾带儿子艾萨克去过无数次，妻子以为我这么做纯粹是为了逗儿子开心，可实际上那也是我的个人乐趣：没什么比看着孩子们使劲荡秋千更开心的事了。

我观察到的最有意思的互动发生在父母和子女之间。有一次，我注意到一个3岁的孩子在离开妈妈的怀抱后依旧极度恐慌。他一点也不想探索四周，而是一直紧紧抱着妈妈的大腿。一段时间后，另一个同样3岁大的孩子也跟着妈妈来到公园，这个孩子对什么都很好奇，即使离开妈妈也很开心，只是偶尔回头看看妈妈。他妈妈去上厕所时让我帮忙照看这个孩子一会儿，而这个孩子一点也不紧张，仿佛妈妈在不在都无所谓似的。

两个孩子都和妈妈很亲近，只是方式不同。发展心理学家已经花了几十年时间研究这种差异，以及孩子依赖其看护人的方式。我们能预测上面这两个孩子的行为特质吗？是什么造就了孩子们和父母之间情感联系的差异？上文提及的第一个孩子会不会发展成焦虑症呢，第二个孩子是否一定会健康成长呢？第二个孩子将来是否有自信成为班长，而第一个孩子就只能活在社交阴影中？几十年来，这些问题都属于发展心理学的研究范畴，而研究成果显示：通过一个人的幼年特征就能预测他的未来。

孕期便可判断宝宝依恋类型

在 20 世纪大部分时间里，心理学界的主流看法是婴儿和看护者间形成感情纽带的原因是母亲的哺乳。精神分析学理论家认为，母亲哺乳为婴儿提供了口唇的满足，并降低了饥饿感；而像斯金纳这样的行为主义者将母子纽带解释为子女混淆了母亲和食物的关系。因此，两个学派都认为母亲提供食物导致了依恋。

但问题是，数据并不买这些分析的账。诺贝尔奖得主，生物学家康拉德·洛伦兹偶然发现，新孵出的幼鹅会跟从它在新生环境中见到的第一个会动的事物，无论它是生物还是非生物，而与这个事物是否为它提供食物无关。威斯康星大学的哈利·哈洛和同事一起完成了一项精巧的实验，表明生下来就和母亲分离的小猴子会依恋对它们进行生理爱抚的事物，而非食物提供者。

英国心理学者约翰·鲍尔比吸收了洛伦兹、哈洛等人的理论，进一步提出了一个彻底改变我们对亲子关系认识的理论。鲍尔比的“依恋理论”（attachment theory）认为，所有的婴儿和居住在地面上的灵长类都具有一个随着自然选择而不断演化的“依恋行为系统”（attachment behavioral system）以此提高存活率。这是由基因预设在人们大脑中的一种系统，目的是要把看护者留在身边。这样就能最大化人们在潜在危险和应激情境中的生存机会。

我们都见过这个系统如何发挥作用，比如母亲离开时婴儿哭着爬去追，或是婴儿会咿呀学语、用咯咯笑声和笑脸来讨好母亲。灵长类动物不像其他动物那样可以钻入地下或逃回巢穴，而只能依靠看护者来保护它们免受饥饿、寒冷、天敌以及其他危险的伤害。正是这样的依恋行为系统在第四纪冰川期保护了我们的祖先。

父母怎么对待孩子，孩子就会成为什么人

鲍尔比在研究这一理论期间曾于《泰晤士报》（*The Times*）上刊登了一则广告，招募帮他研究幼儿早期性格发展的研究人员。其中一名应征者是玛丽·索尔特·艾因斯沃斯，她和她的合作者后来完成了心理学史上最重要的研究之一：一个人在婴儿期的依恋模式可以预测他们成年后的情况。

艾因斯沃斯著名的巴尔的摩研究以及其他类似研究告诉我们：我们可以根据婴儿的非语言线索来预测他们未来生活的方方面面。艾因斯沃斯和同事们每隔 3 周就对 26 名初生婴儿与母亲的交流状况进行一次观察，直到他们 1 岁为止。她记录下婴儿做出的如哭闹、爬行等依恋行为及母亲对这些行为的反应。1 年后，她又邀请所有被观察过的母子来到实验室，参加一场叫做“陌生情境法”（strange situation）的实验。这一实验现在已经成为心理学领域著名的受控实验（一种主要的心理学实验方法，即将被试者分为两组，控制两组的实验环境只有某个变量不同，从而通过对比两组的实验结果，探求该变量对结果的影响。例如为了确定某种学习方法是否能提高学习成绩，则将被试者分为两组，一组采用该学习方法，另一组则采用通用的学习方法，然后比较两组的学习成绩变化，从而得到学习方法和学习成绩之间的关系。——译者注）的典范。

实验大约 20 分钟，分为 8 个阶段，每个阶段都在放满玩具的陌生实验室里进行。在陌生的环境中，艾因斯沃斯反复请母亲离开几次，有时请她们把孩子托付给实验员，有时请她们直接走出去。这一过程类似于第一次去看医生或第一次进幼儿园，它产生的压力会激活婴儿的依恋

行为系统。实验人员要观察的是婴儿对母亲的离去和归来有哪些反应。

艾因斯沃斯发现，根据婴儿依恋行为系统被激活后的反应，如啼哭、爬行、伸手等，以及他们对周围环境的探索程度，可以将婴儿大致分为 3 类。20 多年后，玛丽·梅因和她的同事又发现了第 4 种类型。

我很幸运地在研究生第一年上过梅因的课。艾因斯沃斯是梅因的研究生导师，而梅因后来成为了依恋理论学的权威之一。她是我见过的最善良、思想最深刻的人。她上课时给我们看了几个婴儿在陌生环境中的录像，让我们观察这些不到 1 岁的孩子对母亲的离去和归来作出的不同反应，让我们大开眼界。

婴儿依恋类型

安全依恋	不安全依恋
安全型	回避型
	“矛盾—抵抗”型
	“无组织—无定向”型

我观察了四种类型的婴儿录像（如上表所示）：第一种属于“安全依恋”（Secure Attachment）型婴儿，另外三种都是“不安全依恋”（Insecure Attachment）型。

这四种类型分别是：

安全依恋型 录像中的一个孩子在母亲离开后就大哭大闹，而母亲回来后迅速一边向她伸手一边向她爬去。等母亲轻轻抚摸他的背时，他就紧抓住母亲不放。正如哈洛的猴子带给我们的启示：爱抚是安全的最基本信号。被母亲爱抚过后，孩子就高兴地四处玩玩具，开始探索四周环境。大多数孩子在陌生情境中都会表现出这样的“安全”状态：母亲离去时显露出思念情绪，母亲回来时则很高兴，但随后就能继续探索周围的环境。安全依恋型婴儿的父母感觉敏锐，会对孩子透露的情绪作出反应。孩子哭的时候父母会起身照顾，相互交流时父母会提供适当鼓舞。他们通常会温馨地陪在孩子身边。

不安全依恋回避型　我观察的另一个孩子在陌生环境中对母亲的离开仿佛并不在意，继续玩着玩具，仿佛根本没发现这一变故。而母亲回来时，孩子选择视而不见，继续玩玩具，仿佛母亲从头到尾没离开过一般。像这样无视母亲存在感的孩子属于回避型。这类孩子的父母往往对孩子透露出的情感并不敏感，更不会有所反应。孩子哭了他们也不管，平时不怎么逗弄孩子，甚至连爱抚也很少。

不安全依恋“矛盾－抵抗”（Ambivalent-resistant）型　有一个孩子在母亲回来时伸出手，仿佛要抱母亲。可当母亲要抱她时，她却打母亲的脸，撕扯她的头发。显然孩子很生气，也不可能安心探索四周。这类孩子属于“矛盾－抵抗”型。母亲的离开和归来都会让他们不快，这类孩子有时越安慰越糟糕，甚至会对父母生气。他们与安全型孩子的不同之处在于，他们的情绪一发不可收拾，再也没心情探索陌生环境了。这类婴儿的父母通常对孩子表露的情绪反应不一致，感觉到了就照顾一下，有时则完全感觉不到或是不管不顾。在这类孩子看来，父母压根靠不住。

不安全依恋“无组织－无定向”（Disorganized-disoriented）型　有一个孩子与安全型孩子一样，在母亲回来时向她爬去，但在还有几英尺时却一动不动，仿佛着魔了一般停了 20 多秒。另一个孩子在母亲回来时也向她爬去，但头却扭向一边，仿佛在保护自己。第三个孩子前后磨蹭了好几秒，令人惊讶的是，这种奇怪行为在大约 15% 的低风险样本中出现。这三种孩子属于“无组织－无定向”型，他们的父母通常感觉不敏锐，对孩子的情感流露也没有反应。而在孩子看来，父母往往是在用恐吓或其他不正常的方式和他们交流。

暴力是最极端的恐吓行为。受暴力摧残的孩子的依恋类型大都是“无组织－无定向”型。一项研究表明，被虐待的婴儿82%都可归入“无组织－无定向”型，而相比之下对照组（在受控实验中用来和实验组进行对比的组，通常都是没有特殊受控制条件的。如在确定学习方法和学习成绩关系的实验中，采用通用学习方法的组就是对照组。——译者注）只有19%。

在孤儿院或类似机构中长大的孩子情况更糟，大约3/4属于“无组织－无定向”型。因为没有固定的看护人员可以敏锐地觉察到婴儿的情感需求并作出反应，所以孤儿的依恋需求很少能得到满足。下图说明了相比普通家庭而言，受虐待和在孤儿院长大的儿童成为“无组织－无定向”型的可能性更大。你可以从图中看出，如果孩子是在孤儿院或是暴力家庭长大的，他们就很可能被归为“无组织－无定向”型。

在普通家庭抚养的、被虐待的以及孤儿院抚养的婴儿中，成为“无组织－无定向”型婴儿占总数的百分比

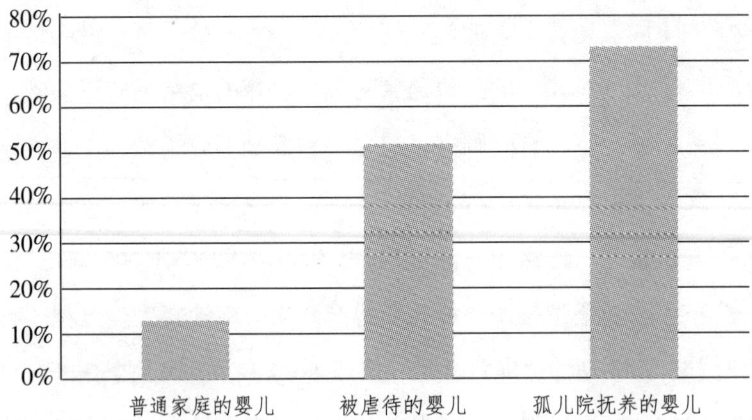

然而，恐吓和异常行为并不只在暴力家庭和孤儿院发生。有一次我带儿子去看牙医，候诊时，一位母亲带着两个孩子走进大厅。母亲

给孩子脱掉大衣，孩子就爬进屋里的玩具区了。他拿起一件玩具往地上猛摔，母亲看到这一幕后跳了起来，扑到孩子面前一把将他揪了过来，一面劈手夺过玩具，一面用嘴发出“扑哧扑哧”的怪声。她的嘴离孩子的耳朵只有 10 厘米左右，孩子显然吓坏了。等他受了这个教训后，又开开心心地玩了一会儿。可当他蹒跚摔倒时，母亲反而坐着不动了，咯咯笑了起来，孩子也只是看着她。这位母亲的异常行为和许多研究一致：如果父母与孩子的情绪交流混乱而且总是不正常，那么孩子成为“无组织－无定向”型的可能性就要大得多。

研究理论认为，“无组织－无定向”型的孩子和前三种类型的孩子不同，他们没有固定的处理压力的方式。安全型和“矛盾－抵抗”型的孩子遇到压力或陌生情境就会向母亲求助，回避型孩子则在母亲离开时继续玩玩具。这些孩子面对母亲失踪的策略都是适应环境的结果，也能帮助他们应对发生的事。仿佛婴儿在心里对自己说：“好吧，我很害怕，我很着急，不过我能应付。”而对于“无组织－无定向”型的孩子，理论认为他们没什么行为策略，他们既像其他孩子一样认为看护者能够给予安慰，同时又认为看护者也是恐惧的源泉。这种矛盾心理让他们在面对压力时不知所措，仿佛一台因润滑不足而锁死的发动机。

大量研究表明，安全型和其他类型相比，前者对孩子日后的发展有明显益处。安全型的孩子更独立、自信。我妻子是小学一年级老师，我在她的学生中就能观察到这一点：有些孩子能独立完成作业，只是偶尔问老师几个问题；有一些不管需不需要问都频繁发问。安全型依恋可以提高自信心，这类孩子相信自己能通过自身努力改造环境，达成目标；而不安全型的孩子会因为曾经被忽略的经历而失去迈向成功的信心。

儿童时期的依恋史也会给每个人塑造出不同的情感世界。同样在小学课堂上，几个小时内，你就能发现他们表现出的不同情绪。我曾在儿子的幼儿园当过志愿者，老师让我一次带3个孩子去一个房间并给他们讲故事。讲完故事后，让孩子们在一台电脑上先后进行理解测试。如果测试及格，他们的脖子上会挂一个小珠子作为奖励，如果不及格就只能眼巴巴地看着别人戴上小珠子（我总觉得这个做法不大合适）。这时，有些孩子并不在意失败，说自己下次会努力及格；有些孩子则沮丧不已或者愤愤不平，其中有一个孩子抓起键盘就摔。在这种情况下表现出愤怒和攻击性的孩子很可能属于回避型或“无组织－无定向”型。也许这是他们对看护者经常性拒绝、异常的情绪交流或恐吓的一种回应吧。

孩子们对另一个测试不及格的孩子的反应甚至揭示了更多信息。有些孩子对同学的不及格视而不见，另一些则表现出诚挚的同情。一个叫约翰的孩子拍了拍一个刚刚测试不及格的女孩子的肩膀说：“不要紧的，下次你也能戴上小珠子，你一定能行。”像约翰这样的孩子很可能属于安全型。

我最喜欢的研究之一是研究学龄前儿童的情绪及互动关系。明尼苏达大学的研究人员测试了婴儿在陌生环境中的依恋类型。等他们成长到入学年龄，研究人员会请他们回到实验室，将他们分为同性别的两人一组，放入一个房间里玩耍几次并录像。事后会有专家根据录像判定哪个孩子是欺负人的，哪个是被欺负的。一次实验中，一位回避型的孩子骂另一个孩子为“鼻涕虫”“大便”，骂了几分钟后，欺负人的孩子开始抢另一个孩子的玩具，又用玩具砸他，更甚者会直接对另一个孩子拳打脚踢。

研究人员发现，所有欺负人的孩子都是几年前在“陌生情境”测验中被定义为回避型的婴儿，而被欺负的孩子则没有一个被归类为安全型，大多数是回避型或者“矛盾－抵抗”型。所以下次如果你在幼儿园看见一个孩子正在欺负另一个孩子的话，那很有可能欺负人的那个是回避型，被欺负的则是不安全型。

安全型孩子的社交能力也更强。从童年到成年期间，他们都积极参加群体活动，人际关系更广、更密切，他们更擅长在各种社会环境中与人接触，也更具备领导才能，相比起不安全型的人也更少被孤立。数据清楚地显示：如果你希望你的孩子善于社交，就要在婴儿期给予他们安全的依恋环境。

婴儿的依恋类型所能预测的并不仅限于儿童期的情绪，杰伊·贝尔斯基领导的一个研究小组根据演化理论作出预测：不安全型的孩子因为父母的不确定或拒绝行为，会怀疑自己可能活不到生育年龄，所以女孩的生殖系统可能会早熟以提高繁衍后代的几率。贝尔斯基在《时代》（*Time*）杂志的采访中说道："演化生物学告诉我们，'大自然中所有生物最关心的事，就是将基因延续到下一代'。因此，如果环境变得不确定，连我自己都不知道自己能不能活到生孩子的年龄，那就应该尽早成熟，这样就可以在不确定的未来摧毁我之前繁衍出下一代。"

贝尔斯基和他的同事为了验证这一假设，追踪调查一些女孩子，从她们出生到 15 岁为止。在这些女孩子的婴儿期就评估了她们在陌生情境中的依恋类型，并从她们 10 岁起就请医生和护士检查她们包括乳房和阴毛等青春期性征的发育情况。结果正如他所预想的那样，不安全型的女孩子发育得更早，结束得也更早，月经初潮也比其他女孩提前。比起安全型的女孩，不安全型女孩的身体至少在生理上已经为生育做好了准备。

青春期发育早的女孩在性方面比其他人主动。因此，不安全型的女孩子在十几岁时不仅在生理上已经做好了生育的准备，在行为上也增加了"成功繁衍后代"的可能。性早熟的女孩在很多方面风险更高，例如家庭暴力、与社会隔绝乃至精神问题。

诚然，基因和其他因素也在青春期发育上起到了重要作用，但依恋关系能"预测并决定青春期发育的时间"的确是个非同凡响的发现。

精神类疾病的早期征兆

我把这些告诉我的学生，他们往往对婴儿期的蛛丝马迹能预测青春期发育这类事惊诧不已。当然也总是有几个学生对此无动于衷，原因是这并不能预测精神病理学方面的东西。这些学生往往想知道，一个人的依恋类型是否可以预测其罹患精神障碍，如抑郁症、精神分裂症、双极障碍（又称双相障碍、狂躁抑郁症、躁郁症。即患者不断经历狂躁和抑郁两种相反的极端情绪的一种精神障碍。——译者注）等的风险？

答案是可以预测，也可能无法预测。产生精神类疾病的原因多种多样，而几乎没什么精神障碍具有既充分又必要的触发条件。因此一个人的精神障碍几乎不可能仅仅由依恋类型所决定。

研究表明安全依恋类型的人同样可能产生精神障碍，然而却可以降低其发病几率。安全依恋就相当于汽车的安全气囊，在坎坷的生活中它不一定能保证你安然无恙，但却让你大大减小受伤的可能性。

回避型或“矛盾－抵抗”型的婴儿长大后患精神类疾病的可能性更高。比如“矛盾－抵抗”型的孩子到青春期后期更容易表现出焦虑障碍的症状，而回避型的孩子更可能充满侵略性并发展为外显问题，如打架、不守纪律或喜欢争吵。

我并不想夸大依恋类型和精神病理学之间的关系。大部分人都没有精神问题，然而“无组织－无定向”类型却是精神问题的一个明显征兆。一项前沿研究表明：依恋类型与精神病理症状的关系比其他任何关于婴儿期的研究结果都要强。“无组织－无定向”型的婴儿更容易出现外显问题，如多动症、对立违抗性障碍、品行障碍等症状。真正让人担心的是“无组织－无定向”型和后来发展成人格障碍症状之间的关系。解离性障碍（又称人格分裂）是由于人们的认知处理功能受到干扰而造成的，解离障碍分为三大类：

第一类：记忆分裂型。症状是对刚做过的事没有记忆；

第二类：专注型。症状是专注于某件事而失去对环境的感知；

第三类：人格解体。症状是做出某种行为，但仿佛自己是一个旁观者，而自己的感觉和身体分离了。

分裂症状程度不一，有最轻微的记忆分裂，如从公司开车回家，但到家后却记不起来走的是哪条路；也有最严重的诸如人格分裂，比如表现出多重人格而毫不自知。

根据婴儿在陌生情境中的反应作出的最令人震惊的预测是，即使排除了生理被虐待的因素，"无组织－无定向"型也和童年中期到 19 岁期间的解离症状关系巨大。重要的是，随着时间推移，婴儿的依恋类型和分裂症状的相关性越来越强，而不是越来越弱。婴儿在陌生情境中的"无组织－无定向"类型毫无疑问是分裂障碍的最佳早期线索。

你可能会说："婴儿在'真实的生活中'并不会碰到'陌生的情境'。"说得没错，但正如一位研究人员所言："这些陌生的情境可能不是真实的，但就像对你的心脏进行平板运动测试（又称跑步机测试，一种让通过被测试者在类似跑步机的机器上跑步，同时监测其心电图的测试，目的是为了检查心脏在受负荷时的功能情况。——译者注）是一种生理压力测试一样，陌生情境法是情绪压力测试。这两种情况都是虚拟的，但两者都能诊断问题。"

6 小时干预治疗，提升孩子安全感

既然我们已经知道，如果家长对孩子的情绪不够敏感，孩子就会变成不安全依恋型，那我们当然希望能够通过对家长的培训，让他们学会如何对孩子的情绪信号作出反应。幸运的是，研究人员已经成功设计出培训家长的课程。在一项研究中，研究人员将情绪易怒的婴儿随机分为治疗组和对照组。在 6 ~ 9 个月的时间里，研究人员会对治疗组的婴儿家访 3 次，每次 2 小时。研究人员会指导家长如何更好地察觉并解读孩子的情绪信号，以及如何作出合适的反应。比如他们会告诉家长如何发现婴儿的焦躁不安，并教他们如何安抚。这些技能对许多人来说是浑然天成的，只有少数家长还不清楚。

到婴儿 9 个月大时，研究人员重新对治疗组的婴儿进行测试，发现他们比对照组变得更合群，更喜欢探索周围的环境，哭闹的情况也更少。继续治疗 3 个月后，也就是婴儿 1 岁时，研究人员经过再次测试发现：78% 的对照组婴儿属于不安全依恋型；治疗组的婴儿则有 62% 成为了安全型。想想看，只需要进行 6 个小时的干预治疗，就能大幅提高孩子的安全感！

与父母的关系反映成人依恋类型

我们再来看看成人的依恋类型。想象一下：

有一名研究人员邀请你参加一项研究，她会问你几个关于家庭的问题，包括请你从最早的回忆开始描述你父母间的关系，然后又让你分别用 5 个形容词来形容你和父母间的关系。

此外，还有许多关于童年经历的问题诸如：

- 你和父亲比较亲近，还是和母亲比较亲近？
- 你小时候难过时会做什么？
- 你认为自己小时候被人排斥过吗？
- 你的父母是否威胁过你？

◆ 你的双亲是否有人过世？

◆ 你现在与父母的关系如何？

你会怎样回答这些问题呢？你需要花很长时间组织答案，还是能脱口而出？你能列举 5 个形容词描述你和父母之间的关系吗？如果让你再为每个形容词举个例子，你能举得出来吗？

20 世纪 80 年代中期，玛丽·梅因和同事一起设计了一个半结构化访谈（访谈的一种，访谈者有事先固定好的问题提纲，并在提问时按照提纲进行。但访谈者也有一定的自由，可以自由加入进一步澄清或追问的问题。——译者注），称为“成人依恋访谈”（Adult Attachment Interview，以下简称 AAI），问的就是上面的问题。访谈目的是评估人们如何理解和记忆自己的依恋经历，全球范围内有 1 万多人接受了这项访谈。就像艾因斯沃斯评估婴儿的依恋类型一样，这一访谈让研究人员可以评估成年人依恋类型的个体差异。他们的访谈会被逐字记录下来，连口误和犹豫也不例外。熟练的编码员会评估回答的条理性。答案越一致、越清晰，相关性越强（无论情绪是正面还是负面的），条理性就越好。也就是说，研究人员关心的并不是你能回忆起什么，而是你如何理解和看待这些回忆。

成人依恋类型

安全依恋	不安全依恋
安全自主型	“不安全—忽视”型
	“不安全—沉迷”型
	“无决断—无组织”型

根据受访者对依恋经历的描述，可将他们分为四种主要的成人依恋类型：

安全自主型　这一类人可以完整但不过分地回忆起正面和负面记忆，甚至包括创伤性记忆。他们的语言富有条理性和连贯性，且与提问问题相关。这类人通常都称依恋经历影响了自己的生活。

一位安全自主型的受访者在被要求用5个形容词描述她与母亲的关系时这样说道：

> 烦人。毫无疑问，在我小时候她就很烦人。记得她经常冲我嚷嚷，经常生气，还会狠狠地打我。不过我刚才说过，在我4岁的时候父亲就撇下了我们。而她要赚钱养活我们，还要让我们行为端正，可她总是不在家。我不喜欢她那样，有一次，她因为姐姐的错扇了我一个耳光，但从没为此道歉。我讨厌她看到我成绩不及格时就冲我大喊大叫。没错，就是"烦人"，或许我应该这么说，这种关系很让人困扰。虽然我希望我们的关系能有所不同，但也只能是希望了。

受访者对她选择的形容词作出了理由充分的解释。她的言语紧扣问题，既不过分啰嗦，也不过于简略。虽然她描述的事情并不愉快，但她的语言有条理，行为理智。

"不安全－忽视"型　这类人倾向于把自己描述得独立而强大，从小到大对别人都几乎完全不依赖。他们往往说自己对幼年没什么记忆，或辩称父母的作为让他们变得强大。他们还会用一堆好话来形容自己的父母，但却给不出证据。他们的谈话往往很简略，整个访谈也很简短。

下面是一位"不安全－忽视"型的受访者，她在被要求对"烦人"一词提供证据时可能会这样说：

> 她在她姨妈的葬礼上一直哭个没完，很丢人，真恨不得不管她了。下一个问题是什么，嗯？

她对母女依恋关系的回答生硬而不屑，她贬损自己的母亲，而且试图用下一个问题来转移话题。

“不安全－沉迷”型　这一类成人非常关注自己过去和现在的依恋关系，而且无法有条理地加以描述。他们往往犹犹豫豫，比如一个人说：“我妈妈很伟大。呃……也不是……其实很糟糕。不对，我的意思是说，她确实是个好妈妈，只不过有时候……”这种访谈非常冗长，充斥着无关的细节和离题的语言，而且透露出对依恋对象的愤怒。一位“不安全－沉迷”型的人可能这样说话以佐证“烦人”一词：

> 这么说都是轻的。她总是嚷啊嚷：“为什么你没这个？为什么你没那个？”没错，妈，正是因为你一直关心我，就好像上星期一样，我们请你来一起吃饭，而你却冲你孙子大喊。生气？对，她生我的气，生她新任丈夫的气——她都改嫁好几次了。
>
> 现在她又因为邻居种的树挡住她的视线跟人家生气，像这样的事情还有很多很多。她不仅烦人，就像我在上星期吃晚餐时说的一样，她还总爱惹是生非。

此处研究人员请她谈的是童年时代的母女关系，而她的回答却描述当下的母女关系。除此之外，她谈话的焦点一直不变，喋喋不休地讲述母亲对她无所不在的影响。

“无决断－无组织型”　这一类人在描述过去的生活中有人去世或遭到虐待时，思维和语言都错误百出。比如有些受访者似乎很确定地回忆起一位已经去世的人还活着。

他们可能会这样说："她死了仿佛更好了。因为她可以继续死后的人生，而我也可以继续养我的家。"

受访者还说："我忘记她了，所以她去世了。"在这种案例中，他们认为自己的思想杀死了亲人，访谈中充满着逻辑漏洞和错误的理解。还有些受访者可能会称颂亲人，比如：

> 她年轻可爱，结核病从我们身边夺走了她。我记得从那以后，时不时就听见有人在抽泣，时不时就闻见花的香气。我还记得人们把抽泣的妈妈从女儿的棺椁上拉走时的情景。

总体来说，这些受访者无法有条理地讲述自己的依恋关系，而仿佛沉浸在自己的思想之中，语言中没有断言而且毫无组织。

透过依恋类型预知育儿诀窍

我一直都很好奇，我的依恋类型和我儿子的依恋类型有多大关系呢？如果我作为一个成人做了 AAI 测试，所得结果是否能够预测我儿子在陌生情境中的行为呢？

梅因和她的同事们为了解决这个问题，对一些父母进行了访谈。而在 5 年前，他们已经观察过受访者的孩子在陌生情境中由父亲或母亲单独看护下的反应。能够有条理地讲述自己的依恋经历的人（即 AAI 分类为安全自主型的人），他们的孩子在 5 年前的陌生情境中更可能属于安全型。而那些 AAI 分类非安全自主型的人，其孩子在陌生情境中更有可能被归类为不安全型。这和在其他文化群落中选取对象进行研究的结果也一致。

还有人对孕妇进行 AAI 访谈，并在接下来在陌生情境中对其所生的婴儿进行观察。正如人们所猜测的一样：孕妇的依恋类型可以预测孩子是否属于安全依恋型。在 AAI 访谈中被归类为安全自主型的孕妇之中，83% 所生的婴儿在陌生情境中被归类为安全型，只有 17% 属于不安全型；而在被归类为“无决断－无组织”型的孕妇之中，只有 33% 的婴儿被确定为安全型，67% 属于不安全型。在不安全型的 16 个婴儿中，又有 14 个在陌生情境中表现得毫无组织，而且行为怪异甚至离奇。婴儿对母亲的依恋类型在其出生之前就可以预测，神奇吧？

婴儿在陌生情境中的依恋类型预测了他们成年之后的 AAI 类型

婴儿在陌生情境中的依恋类型

成人的 AAI 类型

然而这是怎么回事呢？分析结果很大程度上与父母是否对孩子的需求敏感而乐于回应有关。安全自主型的成人比不安全型的成人感觉更敏锐，而且前者对孩子的情感信号也更乐于回应。AAI 类型为“无决断－无组织”型的成人则更经常使用恐吓或其他不正常的方法来对待孩子。因此，根据家长描述自身依恋经历时的心理状态以及他们对孩子做出的具体行为，就能够预测孩子在陌生情境中的依恋类型。

那么，我们是否可以根据一个婴儿在陌生情境中的依恋类型推测他 20 年后进行 AAI 访谈时所得出的依恋类型呢？

孕妇的 AAI 类型预测了将来所生孩子在陌生情境中的行为类型

孕妇的 AAI 类型

新生儿在陌生情境中的依恋类型

至少有四项研究表明：婴儿在陌生情境中的依恋类型与他们日后的 AAI 依恋类型关系甚大。就大多数低风险（指不存在除实验中所研究的风险以外的其他风险的样本。——译者注）的非临床案例而言，在陌生情境中属于安全型的婴儿长大后能够条理清晰地描述他们的依恋关系；不安全型的婴儿长大后则更可能在 AAI 访谈中被归类为不安全型。

梅因及其同事的报告表明：在他们研究的 26 个不安全型的婴儿中，没有一个人在 19 岁时的 AAI 访谈中被归类为安全型。当然，也有个别人幼年属于安全型但长大后变成了不安全型。亲人去世以及严重的慢性病等灾祸有可能对人的依恋类型起到负面作用，但如果不考虑重大灾祸的话，我们的依恋类型从婴儿到成年时期基本保持稳定。

这对安全型的婴儿来说是件好事，他们可以相信父母始终如一地爱他们、关怀他们，这会产生许多正面效果。但对不安全型的婴儿来说就不妙了，尤其是那些“无组织－无定向”型的孩子。除非他们的生活环境得到明显改善，否则他们很可能会维持不安全型的状态，这对他们的生活也会产生消极影响。

乍看之下，这好像在说如果你的父母在你小时候虐待你或者对你不理不睬，你很可能一辈子都属于不安全型，而且还可能遗传给你的孩子，但是不要紧，你还有希望。最重要的并不是在你身上已经发生过什么，真正起作用的是你如何去理解和诠释你与父母间的关系。

玛丽·梅因说：“理论上一个成年人，即使亲人都已去世，身边没有了亲近的人，仍然可以是安全自主型，也可以养育出安全型的孩子。”只要成年后能学会如何理性而清晰地评价自己的依恋经历，如何珍惜依恋关系，在成长过程中有不良经历甚至遭受虐待的人也有可能是 AAI 的安全自主型。关键是学会如何对经历再次加工，学会主动接受过去的一切。

无论是在学校、家里还是广场上观察孩子，你都要意识到，他们对人、对生活的态度并不仅仅由基因决定，同时也受到和父母的交流影响。我们要感谢无数的行为研究者，他们让我们可以根据孩子婴儿期的些许特征，预测他们将来会成为什么样的人。同样的，我们怎样看待自己的依恋关系，也影响着我们对自己孩子的养育。

饭后谈资

1. 青春期提前　在婴儿期属于不安全型的女孩，青春期比安全型女孩要提前到来。

2. 预测精神类疾病　“无组织—无定向”型的婴儿在 18 岁前罹患某种精神类疾病比安全型的人可能性更高。

3. 预测依恋类型　根据孕妇的 AAI 依恋类型可以预测 1 年后其孩子的依恋类型。

第4章
从面相预测个性和智商

法庭上，长相稚嫩比显老的人更容易被判无罪；
社交网站上，人们往往根据照片选择和什么人交往，
可是你能盯着照片看50毫秒就判断其人品吗？
朗读新闻标题竟然能够预测智力水平？
最善良的人原来携带变异基因！

2009 年一个美丽的秋日，我在加利福尼亚州伯克利市的电报局大街散步。伯克利市素以“百无禁忌”闻名，而这条街也许是对这个名头最好的诠释。正当我在与售卖 T 恤、烟斗的小贩讨价还价时，忽然瞥见一对男女在摆摊看相，我立刻就被吸引了，开始仔细观察他们的把戏。只见两个人扔下几张大钞，满脸期待地坐下来，等待摊主给他们看相。这一对摊主仔细端详了他们的面相，还时不时地捅捅他们以便观察面部结构的变化。两位摊主观察了一两分钟，偶尔交谈一两句，最后他们向两位客户娓娓道来：他们是什么样的人，精神生活有什么变化，他们在几周、几个月后将会有什么幸福和磨难。两位客户用心听着，不时点头，仿佛对摊主的话深信不疑。

这场表演让我目瞪口呆，不过很快我就意识到，其实我们每天都在做同样的事情：根据第一印象判断他人。几乎所有人都免不了根据对他人外表的第一印象或者第一次互动的细节来判断他人的性格。比如下列情形中，无论准不准，我们都会竭尽全力去猜：

◆ 来应聘经理职位的面试者工作能力强不强？他够聪明吗？他是否可靠？

◆ 他是喜欢上我了，还是因为对每个人都这么好而已？

◆ 这位卖给我贵重宝石的商人值得信任吗？

◆ 岳父母 / 公婆见了我是否发自内心的高兴？

◆ 刚认识的那个售货员是不是我的菜？要不要和她约会？

关于长相和性格关联度的研究历史可谓迂回曲折。面相术可追溯到古希腊时期，研究的是如何通过长相看个性。亚里士多德曾记录，在看过一个人的面孔后，“就可以由其面部特征推测其性格”。

自那以后，面相术的发展大起大落，曾在达尔文时期备受推崇，但不久后又被冠以“伪科学”的名号。最近几十年它又在科学界复苏了，科学家用最新方法研究外表和内心活动间的关系。

我们通过对他人面孔的惊鸿一瞥及其他蛛丝马迹，就能在不到 1 秒的时间里对他人的个性作出判断，而且结论还惊人的一致。如果我们看见同一张面孔，那么我们对这个人是否诚实的判断很可能十分相近。

但最根本的问题是，我们能不能根据他人的面貌特征和行为表现准确地预测其个性？科学界的最新发现至少在某些方面给予了肯定的回答：面貌和行为会从许多方面透露本性。个性也好，智力也罢，甚至连我们是否有“自私”和“好斗”的倾向都包含其中。不过有时我们对他人的判断又是完全错误的，偶尔还会导致严重的后果。

比如在法庭上，娃娃脸的人比老相的人更容易被判无罪。甚至有证据表明，具有某些面貌特征的人更容易被判处死刑。

照片泄露个性

2008 年夏天，我在加拉帕戈斯群岛游玩了一个星期，想象着 175 年前这个岛上最著名的访客达尔文到来时的情景。这位英国博物学家乘坐著名的贝格尔号环球旅行时，只在这里待了 5 个星期，但他搜集到的数据却帮助他奠定了自然选择理论的基础。

不过历史差点就走上一条不同的轨道。贝格尔号的船长崇拜瑞士诗人约翰·拉瓦特尔。在达尔文所处的维多利亚时代，拉瓦特尔的面相学书籍影响很广。拉瓦特尔这样写道：

> 人的灵魂和肉体之间，内心和外表之间有着精确的关系：无限多样化的灵魂或人的内心催生了无限多样化的肉体和外形。如果存在差异，那就一定观察得到，这必定是某种精确科学的基础。

这位贝格尔号的船长差点就毁了达尔文“博物学家”的前程，因为他认为这个年轻人的鼻子标志着懒散，而且达尔文的确喜欢天天待在树顶无所事事。达尔文在自传中记录了这位船长：“他是拉瓦特尔的忠实信徒，笃信能够根据人的外貌特征判断其性格。他觉得长我这样鼻子的人不大可能有体力和决心完成这次航行。不过我觉得事后他应该承认我的鼻子不可信了吧？”

我们在拉瓦特尔之后又进步了不少，对他人印象的形成不仅依靠外貌，也要根据行为细节。在图书馆和餐厅里，我们无时无刻不在观察着他人，也常通过偶然发生的小事来判断一个人是否乐观友善。这些都是我们试图了解他人性格所做出的努力。20 世纪 60 年代，密歇根大学的一项研究表明，只通过简单的观察，即使不和他人互动，我们也可以对他人有相当程度的了解。这项研究影响深远，后来又有许多人做了后续研究。

德国研究者将一些人的室内活动情况拍成录像带，时长 1 分半。他们在房间里踱步，坐在桌旁阅读天气预报，然后又走出房间。研究者将这些录像拿给不同组的被试者观看，并请他们评价录像中人物的性格。被试者的评估结果基本和录像中所有人的自我评价一致，而在尽责性和外向性方面的一致程度最高。其他研究也证实人们对他人外向性的判断最为准确。

照片也能透露人的性格。头像照片在社交网站上随处可见，在各种婚恋网站更是如此。人们往往根据照片来选择和什么样的人进行交往。在工作场合中大家也越来越多地喜欢通过脸谱网（Facebook）搜索公司员工照片来推断其工作的相关信息。

在得克萨斯大学奥斯汀分校的一项研究中，研究人员邀请了100名学生，为他们每人拍摄了2张照片：第1张是全身照，姿势由学生自行选择（即自然照）；第2张则要求学生站直，两臂放在身体两侧，面无表情地直视镜头（即标准照）。

研究人员为了评估学生的性格，不但请他们进行自评，还搜集了其亲朋好友的评价，然后取这些值的平均值作为每个人的性格档案。之后，研究人员将每个人的自然照和标准照分别拿给一些观察者，并请他们评估每个人的性格。

从下表可以看出：观察者通过观察标准照可以准确判断学生的外向性、自尊程度和对宗教的虔诚程度；而观察自然照可以判断更多的个性特征：外向性、随和性、（对新体验的）开放性、可爱程度、自尊程度、孤独程度以及宗教虔诚程度。虽然单个观察者的判断和整个小组的平均值不太一致，但整体趋向一致。陌生人仅通过看几眼照片就作出的判断，与被观察者的亲朋好友作出的评价大致相同。

人们到底通过哪些信号判断学生的性格？应该采用哪些信号？下表列出了观察者在观察自然照时实际采用和应该采用的断依据，这些依据是研究人员记录下来的，他们对学生的个性一无所知。

- 外向的人精神饱满、姿态轻松、面带微笑、两臂展开，看起来阳光、时尚、整洁；

◆ 内向的人站姿往往显得紧张或者疲惫，不苟言笑，叉着胳膊，外表看起来不那么阳光而且有些邋遢；
◆ 尽责的人往往衣着朴素，但观察者们似乎都没有注意到这一点。
◆ 对新体验心态开放的人往往不直视镜头，外表看起来不那么阳光整洁，但衣着更富有个性。

观察者根据照片评估性格的准确度

	标准照	自然照
外向性	++++	++++
随和性	—	+
尽责性	—	—
情绪稳定性	—	—
开放性	—	++++
可爱程度	—	+++
自尊程度	+++	+++
孤独程度	—	++
宗教虔诚程度	++	+++
政治倾向	—	—

注：表格中的“+”表示观察者对学生的总体性格评价与学生的性格档案间的相关性。“+”越多，表示观察者的评估越准确；没有“+”则表示统计结果不显著。

这些研究结果保守地估计了人们根据外表判断个性的能力。所有照片的主角都来自“心理学导论”这门课的学生。尽管选取这些样本算不上什么失误，但大学生的衣着差异并不大（往往都是 T 恤、牛仔裤或运动裤之类），因此统计结果可能有所局限。如果人们的外表差异更大，我们就有可能判断得更准确。

观察者实际采用和应该采用的判断依据

判断内容	实际采用的判断依据	应该采用的判断依据
外向性	外表阳光 外表整洁 面带微笑 精神饱满的姿态 轻松的姿态	**外表阳光** **外表整洁** **面带微笑** **精神饱满的姿态** **轻松的姿态** 外表时尚 双臂张开
随和性	外表阳光 面带微笑 精神饱满的姿态 轻松的姿态	**面带微笑** **轻松的姿态**
尽责性	外表阳光 外表整洁 面带微笑 精神饱满的姿态	外表普通
开放性	外表突出 面带微笑 精神饱满的姿态 轻松的姿态	**外表突出** 面容憔悴 外表邋遢 不直视镜头
自尊程度	外表阳光 外表时尚 外表整洁 面带微笑 挺胸 精神饱满的姿态 轻松的姿态	**外表阳光** **面带微笑** **挺胸** **精神饱满的姿态**
孤独程度	面容憔悴 外表邋遢 不苟言笑 疲惫的姿态 紧张的姿态	**面容憔悴** **外表邋遢** **疲惫的姿态** **紧张的姿态**

注：粗体字表示观察者正确使用的判断依据。

这一研究还有另一层并不新鲜的意义：我们可以通过控制自己在照片中的形象来调整他人对自己的印象。比如你希望别人觉得你尽责，对人友善又自尊心强，那就选一张面带笑容、姿态轻松、充满活力、昂首挺胸的照片，同时还要看起来阳光、时尚、整洁。如果你希望别人把你看成害羞的内向型，那就放一张邋遢点的、不怎么笑、体态有点僵硬的照片。

如果你在公司页面或脸谱网上贴一张你站在教堂（或清真寺、神庙等）前的照片，那就等于在别人见到你之前透露了底细。而这个“别人”有可能就是你的下一任老板或是未来的另一半，所以你最好记住这一点。即使没有衣着、饰品和体态的辅助，只观察面无表情的头像，我们也可以在一定程度上准确判断他人的性格。要判断一个人有多外向，只消盯着照片看 50 毫秒就行了，外向性是我们根据照片判断得最准确的性格特征。更神奇的是，我们还擅长通过猩猩的面部表情来判断它的外向性。虽然“人不可貌相”已是老生常谈，可实际上我们不但总是以貌取人，而且有时还相当准确。虽然这种判断并非“百发百中”，但显然有据可循。

从眼神、音调、吸引力看穿他的智商

有时我们会根据自己与他人的互动情况，下意识地评价他人的智力水平。比如你家刚来了一个电工帮你接线，你就会想知道他的水平到底如何；又比如有人来你这里应聘一个高级职位，你也会想确定他的智力水平是否能胜任这份工作。

当然，我们也曾经被人评估过。在我 18 岁时，我曾参加父亲单位的一场面试，目的是拿到丰厚的大学奖学金。当时我只有 10 分钟的时间打动评选委员会，让他们认为我有足够的理由拿到这笔奖学金。委员们拿一个接一个的问题向我轰炸，我则竭尽全力作出漂亮的解答，力图展示我的智力和才干，可惜最后还是与奖学金失之交臂。多年来我一直在思考：到底有没有可能通过控制自己的行为来让自己显得更聪明、更有才干呢？

是否人人都会依靠我们身上的蛛丝马迹来判断我们的智力水平呢？有研究人员已经用各种方法研究了这个问题。德国的一个研究团队让被试者在实验室里执行各种标准任务并进行录像，然后把录像交给独立的评估人员以判定被试者的智力水平。结果发现有一个任务能够很好地预测智力水平：朗读报纸的标题和副标题。

只需要看3分钟录像，评估人员就能准确判断被试者的智力水平。如果你想管中窥豹，预测他人的思维能力，那就请他朗读一份《纽约时报》（*The New York Times*）吧。

通过非语言线索也可以推断智力水平。每个人每天都在被遇见的人“面试”，无论是随意的交谈还是正式的应聘面试。

美国东北大学的研究人员请两位素不相识的大学生互相认识交流，并录下他们的几场对话。然后研究人员获取这两位学生的智商分值、学习成绩平均值以及学术能力评估测试（SAT）成绩：这些数据间呈正比关系。接着，研究人员从每场对话中剪辑出第2分钟的录像并交给评估人员进行评估，有些评估人员拿到的是正常版本的录像，有些则拿到无声版，还有些只是拿到谈话记录而已。

研究人员告诉评估人员这两位学生的智商分值、学习成绩以及学术能力评估测试的平均值、最低值和最高值，并请他们估计每一位学生的具体情况。“有声组”和“无声组”的评估结果都相当准确，但“谈话记录组”无法作出准确判断。这说明他们进行判断的依据是非语言行为，而非谈话内容本身。

大多数人都想在面试、申请奖学金或是拜见未来岳父母时表现得聪明一些，没错吧？至少我在参加奖学金面试时是这么想的。有3条重要线索不但影响人们对他人智力水平的判断，而且的确会呈现他人真实的智力水平，它们分别是凝视、嗓音质量和吸引力。

能够看着对方的眼睛，尤其是说话时看着对方眼睛的人，通常被认为智商较高。而实际上和眼神躲躲闪闪的人相比也确实如此。有证据表明谈吐清晰、迅捷、响亮（但不是过大）的人更加聪明。听众对说话者个人魅力的感受也可以反映他的智力，但这仅对“长相低于平均水平者”（即长得不太好看的人）奏效。

当然，这些结果显示的只是平均概率，现实中也存在不少例外。有很多人富有个人魅力，语速飞快，说话时盯着对方看，但智力平平；也有很多人魅力一般，眼神飘忽不定，语速迟缓，却是不折不扣的聪明人。我们在装聪明方面都很在行。好处是如果下次你想在简短交流场合让自己显得更聪明，那多半没问题；坏处是笨蛋也能轻易骗倒你，让你觉得他们很聪明。

20 秒判断谁最可信、最善良

在日常生活中，判断哪些人是友是敌也很重要。

我曾就读的大学是矗立于玉米地之中的文科学院。那时我读着柏拉图文集，跟朋友们秉烛夜谈，享受着诗情画意的生活。但在我大一那年的 4 月却发生了一件影响全世界上百万人的事情：卢旺达种族灭绝。短短 100 天里，80 万人惨遭屠杀，其他地区的人却作壁上观，对此无动于衷。

在这样的野蛮屠杀中，有一个人表现得无比英勇和无私，他就是保罗·路斯沙巴吉那。他是卢旺达一家高级酒店的经理，在这场屠杀中他用这家酒店庇护了 1 000 多名被追杀的人，他可能因此自身难保。人们称他为“非洲的辛德勒”。2005 年，路斯沙巴吉那来访我任职的学校，讲述了他的故事。他在演讲中说：“我没有其他办法，也没有其他选择，只能让我的良心指引我。我所做的不过是良知所致而已。”

一家高级酒店的经理保罗·路斯沙巴吉那到访迪堡大学

也许我们永远都不会碰到路斯沙巴吉那这样的情况：冒着生命危险去拯救他人。然而，在日常生活中，却有许多牺牲自身利益与他人为善的机会：有的老师牺牲早点回家看孩子的时间，课后指导学生的阅读理解；有的人自己入不敷出，却拿钱捐助受灾的家庭。捐助、助人、分享等行为都有益于社会，有时人们并不图回报。

我们都认识一些在我们有需要时挺身而出的人，也认识一些对求助推三阻四的人。那么，能否在碰到具体事情前，通过某些特征判断一个人是否乐于助人呢？

虽然目前还缺少一些研究成果，但至少在实验室环境中，我们可以给出肯定的答案。一组德国与荷兰的研究人员安排被试者坐在桌前对着摄像机作自我介绍，然后请他们玩一个游戏，这个游戏可以非常准确地判断人们是否具有利他性格。游戏很简单：给被试者60欧元，然后请他们将钱分享给另一个不知名的伙伴。这名伙伴不知道被试者的任何信息，也无权拒绝。被试者可以选择分出30欧元、20欧元、10欧元或者一分钱也不给，剩下的归他们自己。

接着研究人员找来另一组不同的被试者，向他们解释游戏背后的含义，并给他们展示第一组被试者自我介绍的 20 秒无声录像。然后又让他们猜测每个人分别分享了多少钱给另一位伙伴。虽然这组被试者并不能准确猜出第一组人给出了多少钱，但绝大部分人都能将那些一毛不拔的吝啬鬼和愿意与人分享的无私者清楚区别开来。只有 9% 的人无法分辨吝啬鬼和无私者。虽然这只是一个小小的受控实验研究，但意味着人们可以通过细微的行为特征来分辨无私者和普通人。

科根领导的研究小组发现了更令人印象深刻的结果。他们请人观看了一组 20 秒的无声录像，录像中是一个人在感情生活遇到困难时，听爱人回忆过去的表现。而观看录像的人则被要求通过这段录像中的互动，评估这个倾听者的可信度、同情心和善良程度（观看者看不到倾听者的爱人）。

科根小组惊讶地发现被认为最可信、最富同情心和最善良的人和其他人比较而言，携带某种变异基因的比例明显更高。这一基因有助于他们更好地利用催产素（脑下垂体后叶荷尔蒙之一种。——译者注）。已有数不清的关于信任、捐助等利他特性的研究证实，在非常用心的倾听者身上普遍存在催产素和某种特殊的变异基因。

科根说道："显然，人们无法看到基因，因此必然有某种机制将人与人之间的基因差异信号传达给陌生人。"结果显示，具有变异基因的人，更经常对他人点头、凝视和微笑。他们也比其他人的肢体语言更加开放。这些就是以上实验中人们的判断依据。不过我曾说过，基因的表达只是影响一个人是否有利他品质的诸多因素之一。尽管如此，我有时会好奇保罗·路斯沙巴吉那是否携带那种变异基因。或许他那句"我只能让我的良心指引我"就是受这种基因的影响吧？不过因为上面的实验只研究相关性，所以具体答案还不得而知，不过这实在很有趣。下次当你和恋人认真谈话时，看看他（她）有多可信、多富同情心、多善良，你的观察结果很可能和他的基因情况有关。

千万别惹方脸男人

我们也能判断利他性的反面：攻击性。我有个朋友就靠自己强大的判断力过活：他是私家侦探，工作内容之一就是敲他人的门，然后递上一张法院传票。

他干到现在一共给 3 万多人送过传票，告知那些人其配偶起诉离婚，或通知他们必须出庭听取刑事宣判。虽然大多数人接到传票时都很平静，但总有些例外。有一次，一个 50 多岁、200 多斤的壮汉打开门，咬牙切齿地把头探到侦探面前大吼："马上滚出去！听见没有？你他妈滚出我的地盘！"然后他像推土机似的推我朋友出门。不过在壮汉开口之前，我的朋友就发觉情况不妙。他递了多年传票，已经可以在事情彻底变糟之前发现预兆，在壮汉动手之前他就迅速反应，逃之夭夭。

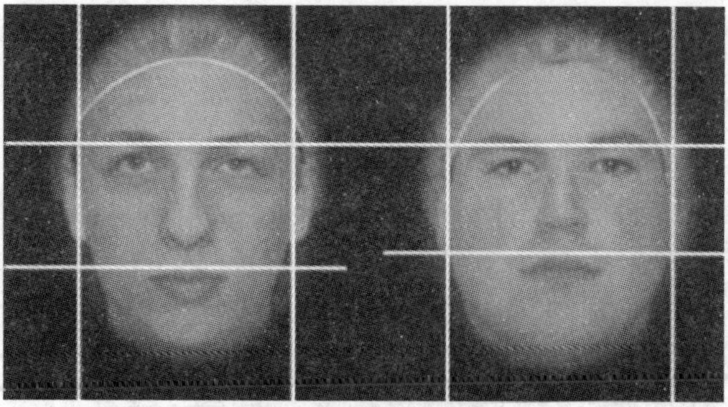

两张宽长比不同的面孔

在介绍什么能预测攻击性之前，请先看上面的面孔一两秒钟。然后考虑一下你觉得两人中谁在被激怒时会更具有攻击性？如果你的答案是右边的人，那你可能已经掌握了我想要说的诀窍。

加拿大研究者贾斯丁·卡雷及其同事给一些被试者看了 37 张面孔，

类似上面展示的那样，但没有图中的格子，并提问被试者："如果激怒了这个人，他的攻击性会有多强？"被试者按 7 分制打分。

在提问之前，研究人员已使用经过证实的方法，对这些照片中的人的实际攻击性进行了评估。结果显示，被试者可以仅靠观察相片就准确判断其攻击性；哪怕只看了 39 毫秒，他们也能像看了 2 秒一样作出准确判断。

你可能已从上面的照片中看出了判断依据的特征：面部结构。被试者的判断结果和面部的宽长比例关联性尤甚。这一比例被认为和体重无关，而与基因以及雄性激素水平有关。方脸的男性更具攻击性。有趣的是，女性面孔的宽长比和攻击性并无关联。

卡雷小组为了排除其他因素，又对 37 张头像的其他特征作模糊化或者剪裁的处理。然而只要被试者能看清楚面部宽长比，他们还是能够准确预测出这个人的攻击倾向。

方脸和攻击性之间的联系证明了我那位侦探朋友的传奇故事是真实的，长脸男人很少对他动粗。有一次他告诉我：只要是有暴力倾向的人，几乎都有一脸横肉。当然应用这一点时要三思，不少肥头大耳的人只是大号玩具熊而已，也有一些长脸的人非常暴力。请记住：凡事皆有例外。

研究人员发现男性面部宽长比还和其他特性存在神奇的关联，例如：

方脸男性天生爱说谎 一项精确的受控研究表明，方脸者以谎言骗取优势的倾向要比长脸者高出 2 倍。在另一项研究中，研究人员要求被试者掷一对骰子以确定参加抽奖的机会，奖品是一张 50 元的礼品券。方脸者谎报结果（所报点数比实际掷出的点数高）的次数比长脸者高出 8 倍。事实上，方脸者认为自己更有权势，这就引发了欺骗行为。研究人员称："我们的研究发现，有些人具有以欺骗来达成目标的先天倾向。”

方脸男性更自私 另一项研究要求每两位被试者组成一组参加以下实验：给每人3英镑。两个人之间互相只能看见对方的脸，甲可以选择自己保管自己的钱，也可以选择先存在乙处，如果他不选择自己保管，则每人可以再获得1英镑；然后乙有权选择钱的分配方案，既可使每人分配4英镑，也可以自己拿走6英镑而只给甲2英镑。结果显示，方脸男性如果保管了对方的钱，无论对方是男是女，他选择平均分配的可能性比长脸男性要小得多。

长脸死在方脸手里 在另一项有趣的研究中，研究人员提出一个假设：既然方脸男性具有攻击和支配倾向，那么他们在和长脸男性肉搏中自然应该是胜出者。为了检验这一假设，研究人员测量了在美国境内发现的200多名被谋杀者的脸部宽长比例。被谋杀者的头颅被研究人员分为“接触性暴力类”和“其他类”。接触性暴力包括被勒死、捅死或打击致死，其他指的是被枪击、毒死或死因不明。长脸男性死于接触性暴力的比例比方脸男性的比例要高出许多，而女性死者的面部宽长比则和死因无关。方脸男性更喜欢肉搏，大部分在肉搏中丧命的都是长脸男性。

当然，还有许多其他因素也左右着男性的攻击性和支配性。但上面这些研究却表明，男性脸部的宽长比是能准确预测其攻击性的视觉特征，而且人们能据此准确判断男性的暴力倾向。目前尚不清楚这是因为我们对男性面孔宽长比的敏感性有明显的适应性优势，所以演化改造了我们的感知系统，还是后天习得，又或是两者兼而有之。

长相“萌”or“挫”，优势大不同！

目前我们已经探讨了如何神奇地通过人的外貌和行为判断他人的各种品质，包括性格、智商、友善程度和攻击性。但有时候，我们的判断却是错误的，而且在个别情况下造成严重的后果。

有些人会被人认为性格温和而不喜欢支配人，比如扎克·埃夫隆、贾斯汀·比伯、汤姆·博斯利、贝比·鲁斯等。研究人员发现这是因为有些人长着娃娃脸，也就是大眼睛、圆脸盘、宽脑门、尖下巴。按照布兰迪斯大学研究娃娃脸的顶级专家莱斯利·泽布罗维茨的说法，人们通常会过度概括，把孩子的许多特点移植到那些长着娃娃脸的成人身上。这就导致人们认为娃娃脸的人“单纯、温顺、体弱、友善、诚实”。有一些研究证实了这些印象是正确的，而有些则相反。我在这里只想探讨这些先入为主的看法会让我们作出怎样的预测，以及会产生怎样的后果。

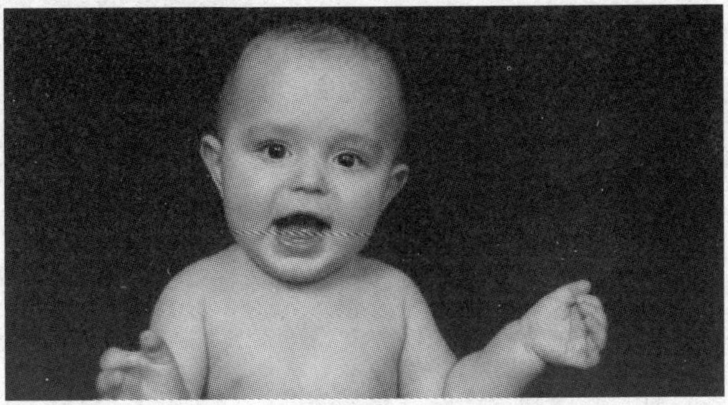

典型娃娃脸：大眼睛、圆脸盘、宽脑门、尖下巴

有这样一个实验，你和一个同性朋友的工作经验不相上下，一同申请了一家当地银行的两个初级职位。你们两人都认为在简历上附上照片有助于加深别人的印象，于是都贴上了照片。你们两人都长得不错，

年龄也相仿。但你是娃娃脸，而你的朋友则长得老相。申请的两个职位是贷款顾问和贷款主管。面试岗位的要求是：贷款顾问需要性格友善，既要能理解客户的需求，又要偶尔服从贷款主管的决定；贷款主管则需要一些领导的特质比如支配性强，金融智商高，而且不能显得太友善。因为贷款主管对是否批准一项贷款有决定权，不允许公私不分。

假如申请的人只有你们俩，而且你们都符合两个职位的条件。那么谁会拿到哪个职位呢？根据这个假设实验所依据的研究，你多半会被选为贷款顾问，而你老相的朋友则会是贷款主管。另外，贷款主管的职位在同等条件下会倾向男性应聘者。这项研究也指出，对于贷款主管这个职位，娃娃脸和女性具有相同的劣势。

还有研究结果表明，娃娃脸的女性比老相的女性更有可能从事“协助性职业”，比如护士、教师等。甚至有证据表明，娃娃脸的男性在军队里升到最高军衔的机会不如老相的男性。我们还没有方法以一定的置信度来确定这些研究结果是出于歧视，还是因为娃娃脸和老相的人在行为方面确实有所不同。

当然，娃娃脸也有不少好处。譬如，你准备把一位娃娃脸的金钱骗子告上法庭，那你输掉官司的可能性就比较大。在一项研究中，研究人员仔细分辨了波士顿法庭审理的500多起案件中的原被告是否娃娃脸。在此，我只关注大约300起被告是娃娃脸的案件，都是起诉被告故意欺骗原告或拖欠款项。研究人员预测，法官会将孩子的特征（诸如诚实等品质）错误地加诸娃娃脸被告身上，因此判决他们有罪的可能性会比老相的人更小。

研究结果令人非常不安：如果被告不认罪，那么92%面相成熟的被告会被判有罪，而只有45%的娃娃脸被告会被判有罪。即使排除人的年龄大小、相貌好坏以及提供了什么证据等因素，这个结论依然成立。其中一位研究者写道：“被告娃娃脸的程度对判决结果的影响，和呈堂证据的强度相当。”如果被告认罪，那么法官判老相的被告支付的赔偿金要高出许多，不过只有当原告是娃娃脸时才会出现这种情况，仿佛法官希望保证那个支配性强的老相被告一定要好好补偿娃娃脸的原告似的。在小额赔偿法庭上无论你是原告还是被告，只要你是娃娃脸，判决就会对你有利。

预测小额民事案件的结果是一回事，而预测坐牢或者死刑这种刑事罪就是另一回事了。下面的一则事件告诉我们：我们不准确的知觉可能会对他人和社会造成多大的灾难。

> 科罗拉多大学的研究人员研究了佛罗里达州男性重犯的犯罪史和面部特征。在排除罪行的严重性以及前科因素之后，法官对白人和黑人的量刑基本是相当的。佛罗里达州采取了明确的办法保证判决结果不受种族歧视影响。研究人员把罪犯的头像照片拿给一些被试者观看，并请他们评估罪犯的脸“具有多大程度的黑人特征”（研究人员称之为“非洲特征”）。
>
> 研究的发现让人非常不安：排除犯罪史和情节严重程度的因素之后，无论犯人是什么种族，面貌中的非洲特征（大鼻子、厚嘴唇、黑皮肤）都决定了所判处的刑期。也就是说如果两个相同种族、相同犯罪史的人犯了同样的罪行，长相更具非洲特征的人其刑期相对较长。虽然法官可以在种族间保持中立，但却无法不被面部特征所左右。
>
> 还有研究者研究了费城黑人谋杀罪犯的非洲特征。排除诸如谋杀罪的严重程度等一系列其他因素后，具有非洲特征的黑人被判死刑的比例更高。不过只有当被害人是白人时这一点才有效：被认为非洲特征极少的人只有 24% 被判死刑，而被认为非洲特性极多的人则有 58% 被判死刑，比前者高出 1 倍以上。

有人认为，这是因为人们在看到罪犯时，会将非洲面部特征和诸如“危险”“坏人”等固有印象联系在一起。这种把人和面部特征等同看待的错误联系让法官和陪审团在量刑时，错把本应排除的面部特征也考虑在内。这种不公平的面貌歧视和其他歧视一样严重。而且更大的问题是，人们对自己受此影响还并不自知。一个人如果长了一张典型的非洲面孔而又犯下谋杀罪的话，在某些州可能就意味着死刑。

像本章开头所描述的“看面相”预测未来的人，我并不相信。但是我相信，我们有能力根据某些信号准确预测他人的性格、智商、利他性、攻击性等。然而有时候我们也会被和性格行为毫无联系的面部特征所蒙蔽。所以我们如何看待他人，其实是一件严肃的事。

饭后谈资

1. 预测智商 根据他人1分钟的无声互动录像就能准确判断他们的智商、学习成绩和高考成绩。

2. 预测基因 人们可以根据他人聆听别人说话的20秒无声录像而对他人的可信度、富同情心程度和善良程度作出评估，而评估结果可以用来预测录像中人的基因类型。

3. 判决的严重程度和典型的面部特征有关 无论白人还是黑人，具有典型的非洲面部特征的人，都会比那些没有非洲特征的人获得更重的刑事判罚。

第 5 章

动心前要确认过眼神

人生苦短，恋爱太难，

至少目标要找对。

无论你是异性恋还是同性恋，

“基达”都能帮你找到对的人。

只需要 10 秒钟，你就能判断对方的性取向。

如果你是异性恋女性，当你距离排卵期越近，

对男性性取向的判断就越准确！

在少年时代我认识了乔，后来我们成了好朋友，一起看电影，一起打球，还经常到对方家里串门。我们的关系越来越好，这时候我家里人开始问我："乔喜不喜欢女孩子？"我表示无所谓。可是我的朋友都拿他当同性恋，还不停地开我们的玩笑，我依然不当回事。后来我和乔天各一方，有了各自的社交圈子。再后来，我从别人那里听说，乔的确是个同性恋。

家人朋友们从我和乔在一起的交流中发现了什么蛛丝马迹呢？如果一个人拿个包，上面写着"直说吧，我就是同性恋"，那么他的性取向就显而易见了。但如果你没有什么明确的信息，该如何辨别他人是同性恋还是异性恋呢？年龄、性别和种族这些特征通常来说都显而易见，但性取向却并不明显。对我来说，乔的性取向就是"一眼看不清楚"的东西。

人们把根据相貌、谈吐以及走路的姿势来推断他人是否同性恋的能力叫做"基达"(Gaydar,即"同志雷达"。——译者注)。如果真的有"基达"这种东西的话，那么也应该有"直人雷达"(Straightdar，即"异性恋雷达"。——译者注)。我们必须清楚这样做的主要目的，不是为了找到同样性取向的人，而是为了一般意义上的判断性取向。

我跟朋友、家人和同事论及此事，他们的反应都各不相同。大部分人都问："真的有'基达'这回事？"也有人说："哈！人人都知道有'基达'！"有人认为"基达"只是性取向相同者辨别彼此的能力，而另一些人则认为每个人都有能力区分同性恋和异性恋。在大部分关于"基达"和"直人雷达"的讨论中，人们都想知道靠什么线索能把不同性取向区别开来。而有些自认为具有"基达"的人说这是一种第六感，只可意会不可言传。不过下面我们将用科学来揭秘"基达"。

人人都有"基达"

多年来，我碰到过许多认为"基达"不应被列为科研对象的人。有些人认为科学只能确认已知的东西而已（虽然人们对这些东西的可信程度还有不同意见）；也有些人认为"基达"无关紧要；还有一部分人认为"基达"无法被研究，他们普遍认为人的性取向无法客观测量，或者认为语言并不足以描述性取向的多个维度；另外，也有人认为实验室里得出的结论并不能应用到现实当中。

其中一些评论无可厚非。我们可以简单地认为性取向分成几大类：异性恋、同性恋、双性恋。而实际上性取向的身份和行为特征则有好几个维度，但我要介绍的研究却倾向于只作简单分类。我承认，使用这种简单分类有其局限性，不过我仍然认为这一现象虽然很复杂，但努力加深对它的了解是有价值的事情。

对性取向的判断就像金钱、道德以及学习方式一样，是生活中的一个实际而重要的问题。尽管它难以被完善，却可以在总结经验中不断进步。对潜在伴侣的选择意味着成功繁衍下一代的可能性，概括地说，这是构成进化生物学基础的一部分，或者确切地说是性选择的部分基础。这一领域的顶尖学者在权威刊物上发表的许多研究成果，构成了本章的理论依据。此外，我对“如果‘基达’存在，就会让有些人恐惧同性恋”的说法并不买账。正如《纽约时报》最近一篇关于“基达”的文章所言：“具有正常感知能力的成年人都能分清一张面孔的性别和种族，但这种能力却并不会把人变成性别主义者或种族主义者。”

纵观现代史，不难发现关于“人们可以判断他人性取向”的观点带来了非常严重的后果。在麦卡锡主义时代，艾森豪威尔总统在1953年就职3个月后就签署了10450号总统令，宣布所有同性恋的公务员都会被开除。约翰·朗利在《寂静的彼端》（*The Other Side of Silence*）一书中详细描述了当时美国政府如何认为同性恋者危及国家安全。朗利写道：“苏联正在寻找新间谍，而大家都知道同性恋者‘情绪不稳定’且‘道德感薄弱’，显然很容易被苏联人利用。”基于这种危害，政府职员的行为被监视，他们只要泄露任何看起来“性取向不正常”的特征，就会被认为有可能屈服于苏联。讽刺的是，在这场被有些人称为“清洗性变态”的活动中，被开除的政府职员比因为受苏联影响而被起诉的人还要多。这种荒唐的政策显然极不合理。

关于“基达”的有效性，美国政府的态度前后矛盾。尽管麦卡锡主义时期美国政府的相关政策依据是“人们能够凭借某些行为确定他人性取向”，但后来的美国政府却制定法规否定这一观点的合法性。最臭名昭著的例子要数1993—2011年美国军队的“不问不答”政策：这一政策禁止军方询问任何人的性取向，而同性恋者也不允许泄漏自己的性取向。这一政策假设“确定性取向的唯一证据是主动坦白”。美国法典第10卷第654章写道，同性恋者“存在于部队中，会使美国武装部队的士气、纪律秩序及凝聚力承受风险”。我深以为这样的政策既可笑又有歧视性。最近一项研究已经表明，在“不问不答”政策被取缔之后，并没有产生负面影响。

尽管这项政策的前提假设是不坦白就不可知性取向，但还是有许多士兵害怕自己的性取向会被人察觉。他们有理由感到恐惧，因为美国军队有超过 1.3 万人因同性恋身份暴露而被开除。俄克拉荷马州国民警卫队士兵马库斯·普林斯说道："我总是觉得要是不来参军就好了。" 2011 年军队撤销 "不问不答" 政策后，普林斯在网上公开了自己的性取向，说道："我再也不用遮遮掩掩了。"

在社会组织中，"基达" 和 "直人雷达" 影响深远。受其影响最严重的领域之一是体育界，尤其是篮球队、棒球队和橄榄球队等男性运动队。据我所知，从来没有同性恋橄榄球和棒球运动员在退役前就公开自己的性取向，他们担心队友和管理层出现过度反应。尽管如此，无论士兵、运动员、政客或其他大型组织成员，都经常因为某些外貌和非语言特征被 "指控" 为同性恋。

"基达" 和 "直人雷达" 的影响并不限于军队和职业运动队等社会组织。日常生活中，我们每天都会自觉不自觉地根据外貌和行为评判遇到的人，并根据自己的主观认知将某些种族或年龄段的人和另一些人区别对待。这类第一印象左右了我们日后的交流互动，也决定了我们对他人采取的措施。譬如，最近在一幢办公楼里，一位老人问我厕所在哪里，我不仅告诉他方位，还亲自带他去，因为怕他迷路。如果他只有五六十岁，那我肯定不会亲自带他去，但他看上去已经 80 多岁了。这只是一个小例子，但它说明了一件事情：不管我们是否自认为公平客观，我们对他人的认知和对待方式从来都是主观臆断的。

人们对性取向的认知造成了深远甚至极端的影响。在美国少数群体中，同性恋群体是仇恨犯罪的主要攻击对象，受害几率是针对黑人犯罪的 2.5 倍，针对穆斯林犯罪的 4.5 倍，而且还呈上升趋势。

在实验中也发现人们对同性恋的负面看法。多伦多大学研究人员做了一项实验，调查人们对不同种族同性恋和异性恋的看法。他们给被试者看大量从婚恋网站上下载的男性头像，但不透露这些男性的性取向。照片分为4类：

1. 白人异性恋者
2. 白人同性恋者
3. 黑人异性恋者
4. 黑人同性恋者

被试者每看过一张照片，研究人员就会提问："对普通加拿大人来说，照片中的人有多讨人喜欢？"

白人异性恋者明显比黑人异性恋者要讨人喜欢。不过更有趣的是性取向和肤色之间的关系：被试者认为白人异性恋者比白人同性恋者要讨人喜欢得多；他们对黑人的看法正好相反，黑人同性恋者比黑人异性恋者更讨人喜欢。

在这个实验中，研究人员并没有告诉被试者照片中男人的性取向差异，而且也没有被试者指出任何一张照片看起来像同性恋。

我觉得这个结果很神奇，因为它表明人们对性取向潜意识的感知和其他能够明确感知的特征混杂在一起，比如上例中的种族特征，这种混杂的感知影响着人们对其他人的印象。

10秒判断性取向

尽管多伦多大学的研究表明，对他人性取向的判断会无意识地影响人们，但是判断性取向却往往是个有意识的过程，至少其中一种意识是找对另一半。关于同性恋人数比例，在各资料上预估不一，不过基本上是男性3%左右，女性1%～2%。85%～90%的人声称只接受异性伴侣，而其余的则在某种程度上两性皆可。无论你的性取向如何，在对你没有兴趣的人身上浪费时间和精力都是毫无意义的。一位女同性恋者将“基达”称为“最根本的生存策略”；另一位异性恋女人在《旧金山纪事报》(*San Francisco Chronicle*) 中说：“女性必须发展出‘基达’，不然就会饱尝希望破灭和心碎的滋味。人生苦短，恋爱太难，我们最好能知道至少自己的目标没错。”

我们能否准确推断他人的性取向？推断性取向需要多少接触？需要哪些信号才能作出判断？

有几位研究人员调查过“基达”的准确性。在一项研究中，研究人员分别调查近 100 位自称是异性恋或同性恋的人（男女都有），将他们每 4 个人分成一组并针对他们的生活方式进行大约 20 分钟的访谈。访谈后，研究人员整理出 5 种信息：

> 第一，从 20 分钟的访谈中挑出 6 ～ 10 秒的片段；
>
> 第二，去掉这一片段的声音，并加大视觉对比度，这样就可以隐去图像中的细节，从而增强受访者的手势和姿态，弱化外貌特征；
>
> 第三，把这些访谈片段制作成没有画面的录音；
>
> 第四，拍摄每一位受访者的站姿照片；
>
> 第五，将访谈的文字内容整理出来给被试者阅读。

结果显示，被试者可以单独通过录像片段、肢体语言、录音和照片来准确判断被访谈者的性取向。这一研究表明人们只要几秒钟就可以判断他人的性取向。实际上只需要观看 6 ～ 10 秒的录像片段，被试者对受访者性取向判断的准确率就高达 81%。另一方面，被试者通过阅读访谈的文字内容却无法判断被访谈者的性取向，这说明判断所依据的是肢体语言和语音特征。

许多同性恋者告诉我，他们比异性恋者更擅长判断人们的性取向。一位男同性恋者曾对我说：“我的判断从不出错。”

同性恋者的“基达”是否更发达？不管怎样，他们的确更有动力去寻找同类伴侣，因此可能更熟悉同性恋者的行为。一位女同性恋者告诉我：“我们已经练就一双找到同类的火眼金睛。”

关于这个观点，不同的数据却得出不同的结论：有些研究发现同性恋者的判断更为准确，也有些发现他们和异性恋者并无差别。即使同性恋者在判断他人性取向方面比异性恋者更加敏锐，差别也可能并不大。

发旋和手指泄露性取向？

前文提到过我曾在伊利诺伊斯北部的一个夏令营工作。这个夏令营对大多数孩子来说，是一个在湿热的天气里接触自然、唱营歌、玩游戏的美好时光。不过这对一位名叫约翰的孩子来说并不美好。虽然他没有招惹过其他孩子，但是整个夏天里其他人都对他非常不友善。为什么呢？孩子们说约翰的行为“娘娘腔”。约翰的外貌和行为都有很强的女性化特征，走路、说话都和其他男孩子不同。我发现他总是试图以“正常”的方式走路说话，以期减少其他孩子的反感，但收效甚微。

有些成年人也会隐藏自己的性取向。许多人告诉我他们必须对周围的环境十分警觉，原因是有时候透露自己是同性恋并不安全。在写作这本书期间我做过一个访谈，一位名叫詹姆斯的人告诉我，他先前会刻意隐瞒自己的取向。他自幼成长在中西部一个虔诚的基督教家庭，因为非常害怕别人发现自己的性取向，詹姆斯学会了如何隐藏自己。他说：“无论如何，我总得有个生存的地方。”他走路时会下意识地抬头挺胸，以显阳刚之气；他努力放直手腕，并克制自己的手势；此外他还会刻意压低嗓音。多年来他都很在意，害怕自己可能露出什么马脚。按照詹姆斯的说法，在向家人和高中朋友公布自己的性取向时，他觉得如释重负，因为他再也不需要花心思和精力去隐藏了。

约翰和詹姆斯到底隐藏得成不成功？人到底能不能隐藏性取向？当然，人是否有必要隐藏性取向就另当别论了。

女性化的男同性恋者试图走路说话时“像个男人”，在衣着方面也和普通的异性恋者并无二致。但他们有一些解剖学上的特征就如同外貌和体态一样，是无法用简单的办法改变的。既然面容可以透露人的许多信息比如性别、年龄和种族，那么从面容上是否也可以看出人的性取向呢？

为了弄清这一点，有人请男女被试者观看自称为同性恋或异性恋的照片。其中一些照片显示男性的头发和整个脸庞，而另一些则只露出一部分特征比如头发、眼睛或嘴。研究发现：

> 首先，被试者通过脸庞照片可以判断男性的性取向；
>
> 其次，照片中没有任何特定面部的器官是断定性取向时所必需的：即使研究人员从照片中去掉某些器官（比如头发、嘴巴、眼睛），被试者依然可以准确判断相中人的性取向；
>
> 最后，人面部的多个特征（如头发、嘴巴、眼睛等）都能标示性取向，并非只有一个。有趣的是，被试者根据发型（一个可变的特征）作出的判断比根据嘴巴或眼睛要准确。

这些研究表明，至少对某一些人来说，无论他们是同性恋者还是异性恋者都很难隐藏自己的性取向。即使人可以化妆，可以改变发型和走路姿势，可以改变嗓音，但人的面部结构和特征还是会泄露他的性取向。还有一些研究指出，对某些人而言，体形也能标示性取向。稍后我们会继续讨论这个问题。

类似“不问不答”这种政策的依据是人们可以隐藏自己的性取向，这样的话只要人们不主动坦白就不会被歧视。这种政策不但不公正，而且经常毫无用处。

在发现乔是同性恋之后，我开始关注透过姿势、语调变化、面部运动等方式可以多大程度判断一个人的性取向，结果显示仅需 50 毫秒就可通过一个人的脸部比较准确地推断出他的性取向。生物识别线索（如手指长度、指纹密度、发旋的方向）与预测性取向之间有什么关联？

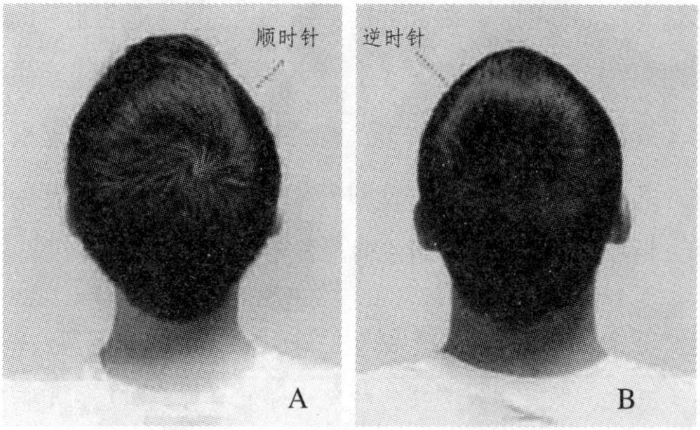

以上是两张发旋的照片，哪一个你认为更有同性恋倾向？

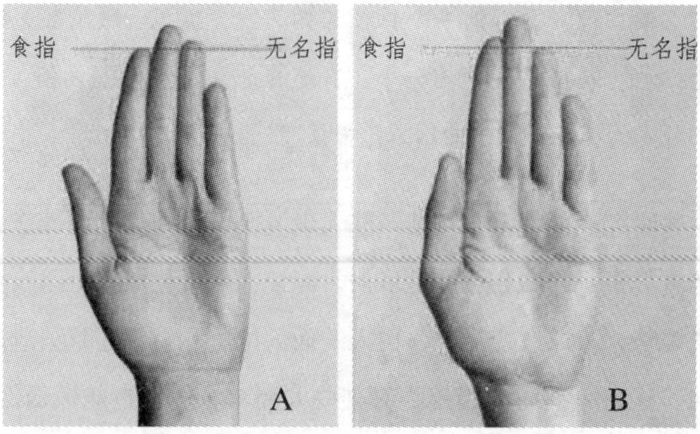

以上两张女性左手的照片，你认为哪只手是同性恋的手？

以上两个问题答案都是 A。发旋的方向和手指的相对长度揭示了性取向，这绝不是现代颅相学的理论，而是基于发表在《自然》(*Nature*)、《科学》等杂志的权威研究。

性特征揭示性取向

史密斯飞船乐队的单曲《这家伙看起来像淑女》（*Dude Looks Like a Lady*）详细描述了一个具有典型女性特征的男人。即使这首歌和性取向无关，它也描述了人们是如何推断别人的性取向的。被认为或者误认为是同性恋者的人，往往具有异于其生理性别的特征和行为。也就是说，外表女性化的男人和男性化的女人有时会被认为是同性恋者。

平均而言（这里“平均”是关键词），男性和女性在许多生理和行为特征上有所差异。比较明显的差异是：

（1）女性较矮，也较瘦弱；

（2）女性的体形和男性不同，女性往往有 S 型曲线而男性身材则多呈柱状；

（3）女性的嗓音和男性不同；

（4）女性走路的姿势和男性不同；

（5）男性和女性的面部结构特征不同。相对而言，女性的面孔因为体毛较少而显得更加光滑，肤色也更浅。女性的眉毛更窄更弯，眼睛更大，嘴唇也更丰满；而且脸也更圆，两腮棱角更少，眉毛也更高。

以上都是经验化的概括，所以也会有一些不符合这些平均特征的特例。不过符合这些特征的人则更常见。我把这些经验化概括的特征称为“典型性特征”。

研究人员认为人们区分同性恋和异性恋主要依靠“反常性特征”的程度。反常性特征指的是被人们认为性反常的特征。假如我没有棱角分明的脸和小眼睛，而是圆脸弯眉大眼睛，就会被认作性反常。

那么，什么样的生理和行为特征能区分同性恋和异性恋？显然有些特征，比如身高和强壮程度都没什么用。但有研究指出，至少对有些人来说有些特征可以说明性取向。拿面容来说，男同性恋和异性恋相比，面容往往更女性化。而一个人脸上的反常性特征越多，别人就越容易判断他（她）的性取向。

具有反常性特征的体形、走路姿态以及嗓音也能让人准确判断性取向。具有S形曲线的男性和柱状身材的女性更有可能是同性恋。在某种程度上，体形对于推断男女性取向都有效，不过对于女性则效果更好。“T”（具有阳刚特质的女同性恋）往往都具有男性化的柱状身材，而“P”（具有阴柔特质的女同性恋）则往往具有和异性恋者一样的S形曲线。

走路姿势也和性取向有关。女同性恋走路更倾向于像男性般昂首阔步，而男同性恋走路则往往像女人那样搔首弄姿。这一点在判断男性的性取向上更为准确。当然即便如此，也有许多男同性恋的走路姿势与异性恋者无异，同样也有走起路来像女性的异性恋男性。

当然，并不是所有同性恋者都具有反常性特征。尽管根据嗓音就基本能够推断性取向，但也有许多同性恋者使用具有典型性特征的嗓音说话，这就造成人们在判断性取向时，“经常将同性恋者误认为异性恋者”。一位前沿研究人员说：“许多同性恋者的嗓音‘听起来和异性恋者一样’，但很少有异性恋者的嗓音‘听起来像同性恋’。”

最后要强调的是：罗克·赫德森（20世纪50年代著名演员。——译者注）和玛琳·黛德丽（著名德裔美国演员兼歌手。——译者注）看上去是典型的男性和典型的女性，他们的外表、行为都与大部分的同性一样。

罗克·赫德森

玛琳·黛德丽

但即使这样，人们最后还是发现赫德森是同性恋，而黛德丽则因双性恋闻名于世。同样的，许多异性恋者也在某些方面显出反常性特征，或者说表现出另一性别的典型性特征。因此，虽然具有反常性特征可以在某种程度上判断性取向，但这种推断也可能出错。这就告诉我们：尽管我们都善于根据简短的交流来判断他人的性取向，但我们也可能错得离谱。

“直”女识“弯”男

“基达”和“直人雷达”源自何处？要回答这个问题有两个途径：一是研究被观察者性取向的起源，二是研究观察者对性取向的感知源自何方。

有研究人员认为，性取向特征的起源尚不明确。例如一位男性走路时臀部比大多数男人扭得更厉害，我们无法从中获取任何关于这一特征的生物学起源的信息。他可能是有意为之，也可能是不自觉地模仿女性或男同性恋者，还可能是基因组成的表达。从这一角度来看，关于“基达”有效性的研究结果并不能提供任何关于性取向生物学起源的信息。也有研究人员认为，这些特征恰恰说明了性取向的起源。这个问题过于复杂，我推荐有兴趣的读者去看一看西蒙·列维备受争议的《同性恋、异性恋及其成因：关于性取向的科学》（*Gay, Straight, and the Reason Why: The Science of Sexual Orientation*）一书。

我们判断他人性取向的能力有多少基于先天进化了的基因，又有多少后天习得？毫无疑问这个问题非常复杂，目前尚未解决。目前获得的证据倾向于先天，不过，环境因素也在起作用。

关于性取向判断力的生物学基础，最有说服力的证据来自多伦多大学和塔夫斯大学合作的系列研究。

在其中一项研究中，研究人员请未服用避孕药物的女异性恋被试者观察电脑上依次显示的80位男性的头像，如果她们认为照片中的男子是同性恋者就按下某个键，如果她们认为是异性恋者则按下另一个键。被试者并不知道这些男子中一半同性恋，一半异性恋。在做完80次评估之后，研究人员又询问她们上次来月经的时间和正常情况下月经周期的长度。

女性距排卵期越近，对男性性取向的判断就越准确

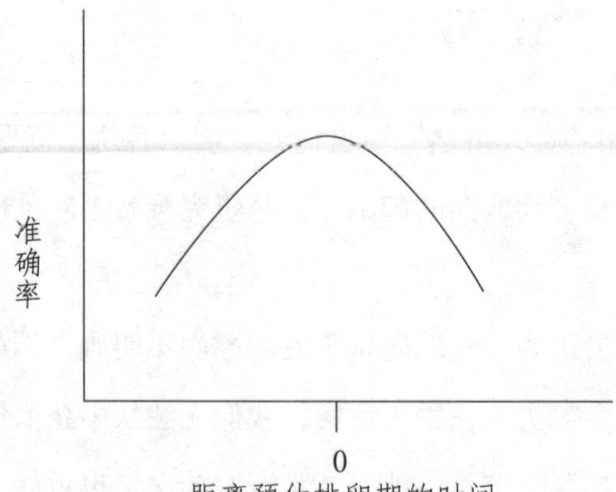

令人惊讶的是，女性距离排卵周期的顶峰（一个月中女性最容易受孕的时间)越近，她们对男性性取向的判断就越准确。研究人员认为，女性在排卵周期的顶峰可能对男性性取向更加敏感，因为判断一个潜在伴侣的性取向对最大化受孕的几率而言非常重要。

你可能对这点半信半疑，毕竟也有可能是因为女性在排卵顶峰对男性的非语言信号更敏感，而非语言信号总体来说和性取向相关。为了检验这种可能性的真伪，研究人员又进行了一项类似的测试，其中只有一点不同：他们请女性被试者判断的是女性的性取向。

被试者可以准确地分辨照片中女性的性取向，但分辨能力和排卵期没有关联，因此证明了“女性排卵周期和她们对男性性取向的敏感度相关”的假设。另一项后续研究也进一步证实了这一假设，事先进行性幻想的女性在判断男性性取向时比判断女性性取向更为准确。

辨别同性恋和异性恋的速度也证实了“性取向判断力由先天决定”。只要男性或女性的面孔在屏幕上闪现 1/20 秒，人们判断他们性取向的准确率就明显高于瞎猜。显然，感知系统被精细而高效地校准过，以便人类侦测与性取向相关的细微信号。

辨别他人性取向的能力在世界范围内普遍存在，这和进化理论对该现象的解释是一致的。在一项研究中，来自日本、西班牙和美国的男女被试者都可以准确地判断男性性取向。然而，在这些被试者之间也存在差异，说明生物进化遗传只是部分原因。美国被试者比日本和西班牙被试者更迅速、准确。

此外，不同国籍被试者判断错误的模式也有所不同。在日本，同性恋的接受度是 3 个国家中最低的，日本人更容易将同性恋误判为异性恋。研究结果表明，文化因素在判断性取向方面起着一定的作用。

需要注意的是，这些研究都具有局限性。它们都是在实验室环境中进行的，研究结果在真实世界中的适用程度还有待证实。我的直觉是实验室研究可能低估了人们判断性取向的能力。它们往往去掉了有助于判断性取向的外部信息，而在真实的世界中，这些外部信息可以为人们所用。

另外，大部分研究都采用被试者个人公开的信息作为判断性取向的标准，或是在参加实验时回答的问题，或是在婚恋网站上注明的性取向。因此，研究结果可能只适用于那些公开性取向的人。

最后，性取向是一个多维度的现象，包括期望、身份和行为。因此，性取向可以用许多不同的方法分类，这也是在评价研究成果时应该考虑的因素。我所提及的大多数研究几乎不包含双性恋，而只限于同性恋和异性恋。

也许如同艾伦·德杰尼勒斯在《艾伦和她的朋友们》(*Ellen*) 中的嘲弄：“我又得放电了。这就是生活，放电，然后查查‘基达’看有没有人被电到——我听说是这样的。”有人发出这种怀疑的论调不足为奇。正如你有时凭长相判断种族会出错一样，你肯定也有猜错对方性取向的时候。

饭后谈资

1. 面部结构　无论他人发型如何，佩戴什么首饰，人们单凭面部结构也能判断其性取向。

2. 排卵周期和判断性取向　女性越接近排卵周期的顶峰，判断男性性取向的准确率就越高。

3. 眨眼间判断性取向　即使一个人的脸只在观察者面前闪过 1/20 秒，观察者也能准确判断他们的性取向。

第6章

亲密关系从“看对眼”开始

每个女人都在问：我到底爱他什么？

我要怎么做才能让他更爱我？他“财务独立”吗？

我们在一起会幸福吗？我们会不会离婚？

实际上，男人们也在问着相同的问题。

这些千百年来让全人类悲喜交加的婚恋难题，

其实只要根据简单的线索就能预测答案。

全世界千千万万的人在寻找伴侣。有人日久生情，有人一见钟情。“我是否该搭讪刚才在超市遇到的人？”“如果有人搭讪我要不要理睬？”这些问题的答案可能决定一个人的未来。

数百万年的进化已经在人类头脑中编写好了挑选未来伴侣的程序。进化理论表明，任何物种的首要任务都是将基因传递到下一代。因此，我们择偶时不会对所有人一视同仁，而会更加谨慎地只对部分人青睐有加。为什么呢？因为这些选择能让繁衍的成功率最大化。可以说，现代人仍在沿用石器时代的思想选择配偶。

根据进化理论，择偶行为根据性别差异而不同，其原因要追溯到第四纪冰期人类的祖先所面对的问题。根据进化理论，生育会耗费女性的大量精力。除了在怀胎10月中要带着孩子走动、忍受害喜、不适、行动不便等问题外，她们还需要在孩子出生后的几年里哺乳并照看他们度过童年。因此，为了给孩子提供充足的营养，母亲需要挣扎多年。在进化史上，懒汉、家暴者或无能之辈无法为其后代提供资源，如果女性选择嫁给他们，后代存活的可能性就大大降低。相反，如果她们选择那些勤劳、能力强且能满足她们的基本需求的人，那她们和孩子就能生活安稳、富足。千百年来，女性都面对着这种选择压力。如此一来，选择能够提供养育后代资源的男人，便成为一种传统了。

尽管女人的喜好各不相同，但得到的平均数据能够支持进化理论。

目前一项著名的研究中，戴维·巴斯调查了六大洲五大岛上超过1万人所青睐的另一半的形象。男性和女性都喜欢友善而聪明的另一半，但女性将经济实力的重要性看得比男性高出1倍还多。这一结果对任何种族、政体、宗教信仰以及地理位置的人群都适用。

在另一项研究中，研究人员试图找出造成女性对不同征婚广告得出不同结论的原因。结果与进化理论预测的一样，4个影响最强的因素是男性的受教育程度、身高、年龄和财富。而受教育程度、身高、年龄三者又都和财富呈正比。举例来说，研究表明，在30年的职业生涯中，身高1.82米的人比身高1.65米的人收入高出约16.6万美元。

简言之，因为世代相传，所以女性的择偶观与祖辈并无太大差异。当然，男性即便拥有高富帅的特质，如勤劳、有抱负、做事持之以恒、社会地位高等，也不一定能得到女性青睐。女性还喜欢展示出爱心、善良、幽默感以及责任心的男人，也喜欢有能力并愿意养育孩子的男人。正如《纽约时报》专栏作家大卫·布鲁克斯指出的那样，这就是许多尚未生养的年轻夫妇喜欢逗玩朋友的孩子的原因，这是男性在展示自己对为人父的热情，并以此求爱。除此之外，女性还喜欢基因优秀而健康的男性。毕竟从进化角度来看，女人没理由花大量时间和精力去生养一个天生就不健康的孩子。

遗传带给我们这些偏好，并不是说这些偏好就是正确的，更不是说我们仍应坚持这样的选择。不过进化理论家的研究向我们解释了“为什么我们会这么干”的原因。

男人通过什么吸引女人？

直女（异性恋女性。——译者注）见到男性时，男性的几项外在特质会影响这名女性对他的感觉，如种族、年龄。然而，从进化的角度来说，女性对男性的隐性特质更有兴趣，如富裕程度、社会地位、内心善恶、身体健康等。那么女性有可能根据初次见面的某些信号来判断这些特质吗？答案是肯定的。就像许多父母在教育孩子时说的一样：第一印象很重要。

如果你见到一对双胞胎，长相几乎一模一样，差别只在于一个人的脸比另一个的稍微对称一点。如果你还算正常，就会觉得脸型较对称的那个更好看。无论种族、年龄、文化、性别和性取向如何，人们都更偏好对称的面孔。

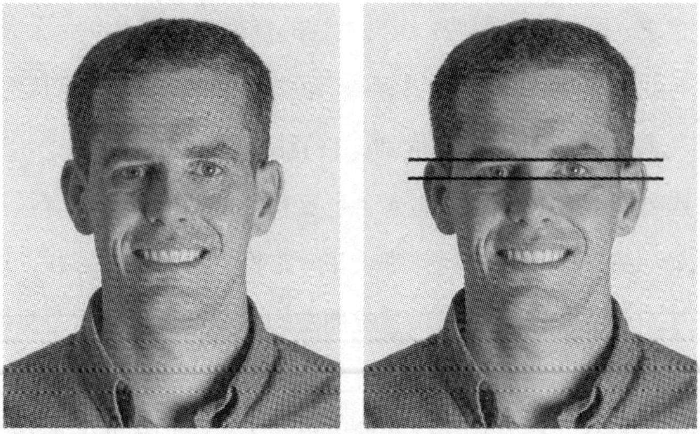

亲爱的作者有一张不对称的脸

照照镜子你也许会发现自己的脸其实不完全对称。看看上面的照片，我的左眼比右眼高一点、大一点，右侧照片中的两条辅助线能帮你看出我两眼的区别。另外，请注意我牙齿的中缝也没有和鼻尖对齐。

相反，许多男明星如布拉德利·库珀、汤姆·克鲁斯的脸都仿佛被精确校准过一样，左右对称。如果你的脸和我一样不对称，别自卑，大多数路人甲的脸都这样。

大家喜欢面孔与身材左右对称的原因有二：

1. 基因优良
2. 身体健康

若一个人的外貌左右对称，他在发育期时左右两边细胞的分裂程度就必须完全一致。任何环境刺激，如遗传异常、疾病、伤痛等，都会造成外貌不对称。因此当我们看见布拉德利·库珀、汤姆·克鲁斯时，便知道他们生理条件优秀。根据进化心理学，人们更喜欢自己的另一半基因优良、身体健康，这就是汤姆·克鲁斯比你们亲爱的作者更受欢迎的原因。

多年前第一次了解到这条知识时，我还认为通过一个男人的长相无法预测基因或健康的好坏，尤其是当观察外貌的时间连一秒都不到时。但有许多证据显示，面部对称的人健康状况更好，他们在情绪、生理和体质健康测试中得分更高。面部对称的男性第一次性经历时年龄更小，性伙伴更多，也更容易吸引女性出轨。他们也更强壮，社会地位更显赫，甚至寿命更长。女性当然喜欢活得久的男性，这样就可以压榨他更久，也可以让他为后代付出更多，从进化角度看，百利而无一害。

男性的外貌是否对繁衍后代有直接作用呢？一组研究人员拍摄了 66 位本科生的面部照片并采集了他们的精液样本，结果发现，女性眼中更帅的男性精子质量更高。就是说，他们的精子形状更佳，游动更迅速。

最著名、最令人赞叹的是一个研究面部对称性与体味间关系的实验。研究人员测量了每个人的耳朵、手肘、脚踝、手指的位置，据此计算了他们的对称程度。然后又要求每个人连续几天穿同一件衣服睡觉，而且不能使用任何香水或除臭剂。接着，研究人员又请女性评估这些衣服的气味如何。

令人惊叹的结果出现了：身体最为对称的人，衣服气味得到的评价最高。处于排卵期，受孕机会最高的女性对此气味的感受尤其明显。最近有人在洛杉矶和纽约组织相亲大会，要求与会人员将穿过一晚的衣服放进单独的袋子中，并让他们根据这些衣服的气味挑选自己的相亲对象。不管你们信不信，反正我是不清楚这是否有科学依据。

也有证据表明，对称性高低是免疫系统功能好坏的象征。一个人的对称性越高，主要组织相容性复合体（major histocompatibility complex，又称主组织相容性复合基因，是存在于大部分脊椎动物基因组中的一个基因家族，与免疫系统密切相关。——译者注)的杂合性就越强，他的免疫系统也越强大，面对外界压力时会更从容。此外，对称性高的人更少患上呼吸系统疾病。如此看来，女性在繁殖能力最强时，更青睐基因最优、健康最好的男性。

女性还能从男性面部了解他们的性激素分泌状况。像克林特·伊斯特伍德或丹尼尔·克雷格这样的人，不仅面部对称，而且下颌轮廓分明，两腮刀劈斧砍一般，颧骨高耸，眉毛浓黑。他们的长相棱角分明，显示出他们的雄性激素旺盛。性激素促使两腮、颧骨、眉毛周边区域的细胞分裂更加旺盛，使部分人的脸比娃娃脸的人颧骨更突出，眉毛更浓。女性毫无缘由地为这类人着迷。我们可以猜想一下，也许那张男性味十足的脸表示他们十分健康，抵御疾病的能力更佳，或表示他们支配性更强，而女人们对此无比钟爱。

1 分钟找出人群中的高富帅

女性并非总是以貌取人，尤其在选择长期伴侣时更是如此。

一个女人要穿过进化论的荒漠，在其他条件相同的情况下，选择能提供食物、饮水、住宿以及其他维系生活的必要条件的男人，则生存几率会提高。按照戴维·巴斯的说法，有数不清的实验表明，所有女性都进化出了同一种倾向：偏爱物质资源丰富的男性。

一项研究表明，寻求结婚对象的女性都声称，她们希望结婚对象的收入能比其他70%的男性收入更高。大多数女性都不愿选择未来赚钱能力“一般”的男性。另外，女性还喜欢社会地位高、受教育程度高的男性——因为这与他们攫取和控制资源的能力息息相关。

既然女性有这种倾向存在，我们就得思考一下，怎样看出一个人的社会地位和经济条件呢？我们来看两个例子。

首先是一个30多岁名为奈特的同性恋男人。选择男同性恋做例子是为了证明，择偶与自身性别并无关系。对于个人资源状况，同性恋和异性恋所收集到的信息是相同的。我们接着说，奈特去了健身中心，像往常一样跳上健身车锻炼。健身完毕后他来到更衣室，一个似乎对他有兴趣的人与他攀谈了一会儿。之后，奈特一边穿上从衣箱中拿出的衣服，一边开始思考刚才那个人如何。

来说说另一种情况。星期天下午，二十五六岁的约翰在超市停车场遇见一个身着便装的人，那人似乎对约翰有兴趣。他们聊了一会儿,约翰目送便装者坐上车龄5年的旧车离开了。

奈特是在更衣室遇见他人，约翰则是周末的超市，两人都无从得知搭讪者的日常着装情况。双方谈话很简短，不足以深刻了解彼此。那么，这两个搭讪者到底是白领职员还是蓝领工人？平时穿的是不是剪裁合身、带条纹的西服，脖子上还圈着一条象征“上等人”的领带？他们受过高等教育还是高中便辍学？他们是富二代还是尾款人？

社会、心理学工作者用一个人的物质财富、职业声望和受教育程度来定义一个人的社会阶层。社会阶层会造成诸多根本上的差异，如居住的小区环境、孩子的学校、健康状况、宗教信仰，甚至喜好的音乐类别等。另外，社会阶层还影响我们的世界观，影响我们对事件的情绪、反应，也影响我们的行为。阶级背景较差的人，掌控生活的能力不足，但在判断他人情绪时更为准确。既然社会阶层相近的人的世界观也相似，那么寻找另一半时，人们很可能会选择同一阶层的人。

奈特和约翰可能无法根据简短的谈话内容看出对方的财富、职业或是受教育程度，然而他们能很轻松地推断出对方的社会阶层。这种推断源自一个设计精巧的实验。实验的发起者达彻尔·凯尔特纳和迈克尔·克劳斯邀请了100名互不相识的人，然后将他们分为两人一组，彼此聊天。部分参与者的父母受过良好的教育，年薪超过15万美元；另一部分则来自普通家庭。接着，研究人员对每一组人员的聊天进行了1分钟的观察。这项研究有两个发现：

> 首先，社会阶层较高的被试者都不大合群，交谈时甚至有些粗鲁；而来自普通家庭的人则更有礼貌，谈话时也更专心。
>
> 其次，通过1分钟的谈话观察就可以推断一个人的受教育程度和收入情况。

奈特、约翰与搭讪者的谈话时间便差不多1分钟，这足够他们作出判断。正如凯尔特纳和克劳斯所说："非语言信号展示了一个人提供资源的能力，这很可能是择偶时的重要考量。"

总的来说，男性的外形特征会透露出与自身相关的信息：面容英俊与否、对称性高低、雄性特征是否突出可用来推断包括生心理健康状况、精子质量在内的许多信息。而行为特征会告诉女性，男性所处的社会阶层，这是相当重要的信息。

对某个个体而言，这些无意间露出的"马脚"并不一定完全有效，择偶也不是仅仅考虑经济和长相而已。不过，无论你是男是女，如果以择偶的眼光来挑选男人，会与他人有所不同吗？

男人到底喜欢什么样的女人？

在进化的荒漠中，男性与女性都力图将自己的基因传递下去，但面临的问题却不一样。女性生育耗时费力，而男性几乎不用出力。男性只需与女性性交几次，就可以将基因传递给下一代。

因此，女性寻求的是健康、资源获取能力强、可以长期抚养母子两人的男性；男性则是以繁殖成功率最大化为目标，所以他们愿意选择生育能力强的女性，甚至愿意与多名女性性交。因此，在繁衍后代的策略上，女性看重质，男性看重量。

从亨利八世到泰格·伍兹，花花公子们四处“播种”。虽然进化理论能解释这种行为，但这并非滥交的借口，因为历史上也有许多从一而终的男性。

从进化角度来说，既然男性在女性体内射精就能传递基因，为什么他们会选择从一而终的长期关系呢？

实际上，男性的忠诚有许多原因：

> 第一，女性通常不会在男性作出承诺之前与其发生性关系。因此，男性宣誓忠诚能为自己俘获伴侣。
>
> 第二，愿意承诺，也愿意长期恪守诺言的男性会吸引更多女性，他便可以选择更好的伴侣。
>
> 第三，如果一个男人和女人结了婚，他就可以更加确定妻子所生的孩子是自己的。从进化角度来看，男性对养活没有他基因的孩子毫无兴趣。

第四，男性的长期陪伴可以增加后代的存活率。

第五，在历史上的许多社会中，“结婚”都是授予男性的荣耀，可以为他和他的家庭带来更多资源。

无论寻求的是短期还是长期伴侣，全世界的直男们（异性恋男性。——译者注）都喜欢选择年轻、漂亮、生育能力强的女性。男性的祖先必须与能成功孕育后代的女性结合才能生下子女。进化让男性喜欢一类特定的女性，她们具有标志生育能力的特定特征。与前面所讲的一样，我们无法通过这种思维方式找到男性应该喜好什么，而只能看清为什么男性喜欢这些东西。

脸蛋漂亮没用？男人只看腰臀比！

我的生活圈中有许多 30 ~ 50 岁、正在寻找终身伴侣的朋友，其中一个叫比尔。他今年 45 岁，善于交际、教养良好，而且充满活力。比尔未婚，多年来一直在寻找“真命天女”与他结婚生子。从进化的角度看，比尔会喜欢什么样的女性？这与他可能遇见的女性有何关系？

比尔的第一条标准应该是女性的年龄，这可以从几个显著的外貌特征看出，如皮肤弹性、发质等。如丹尼斯·库辛尼奇、罗德·斯图尔特、米克·贾格尔、唐纳德·特朗普这样的男人，迟早会与比他们更具吸引力、更年轻的女性结婚。可你能说出哪三个长相普通的女富翁与年轻而贫困的帅小伙结婚的吗？我猜你多半一个也说不出，因为很少有成熟、有权势的女人与风流倜傥的年轻小伙结婚。从进化的角度看，男性更青睐年轻女性，因为年轻女性可以在人生剩余的岁月中生养更多孩子，因此能更多地将男性基因传至下一代。从统计数据来看，如果比尔是个正常的 45 岁男性，他就不会喜欢比自己年龄大的女性，而会选择 31 岁左右的女性。

比尔也会观察许多可以推测女方基因、健康状况以及生育能力的特征。

> 比尔会看女性的面部是否对称。面部越对称，说明女性在发育期对疾病和环境侵扰的抗性越强。
>
> 他还会看女性的容貌是否“女性化”。研究表明，容貌的女性化程度比其他几乎所有因素更能判断她的吸引力强弱，这在所有文化中都适用。尖下巴、厚嘴唇、大眼睛、高颧骨、瘪腮，这样的女性雌激素水平较高，象征着较强的生育能力。因此，比尔只需观察容貌的女性化程度，就可以推测女性的生理状况。大银幕上的女星中，容貌最为女性化的是安吉丽娜·茱莉。她有消瘦的脸庞、大大的眼睛、高高的颧骨，还有我见过的最厚的嘴唇。我们并不清楚这是天生的还是整形手术所致，后文再来详谈这个问题。
>
> 比尔还要看看女性的体重。通过体重能推测出女性的健康状况及生病的可能。有趣的是，男性对女性体重的偏好根据文化不同而有显著差异。在欧美这样丰衣足食的环境里，男性更青睐苗条的女性；而在食物短缺、营养困乏的社会中，丰满女性才是男性的选择。

那么到底观察女性身体的哪个部分能获得有关信息呢？大学男生宿舍里有一个永恒的话题：男人最喜欢女人身体的哪个部位？一般讨论会在三个流派之间展开：丰臀派、长腿门和美胸教。比尔承认，自己是坚定不移的美胸教教徒。不过少有证据能证明女性胸部大小与其生育能力有关，甚至与哺乳能力也没什么关系。那么，比尔应该观察女性身体的哪个部位才能作出更准确的判断呢？

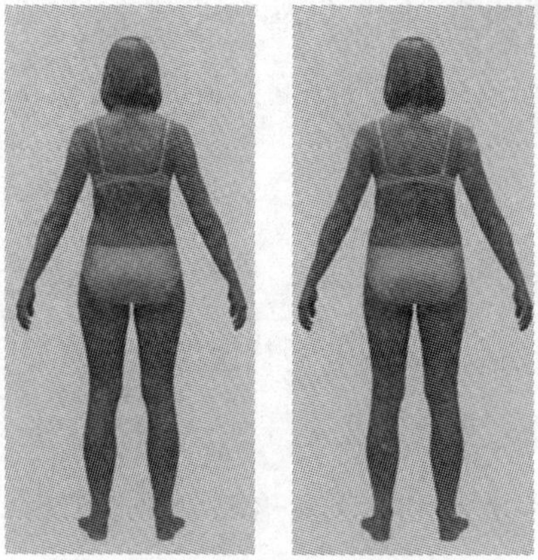

两种不同的腰臀比

以上两张图片中，你更喜欢哪一张？如果你与大多数男人一样，就会选择左边这张。原因在女性的腰身。仔细观察，你会发现左边的腰臀比比右边小，左边是 0.7，右边是 0.8。男性喜欢腰臀比小的女性，也就是说，男性偏好腰细臀圆的女性。

实际上，在西方发达国家，最惹火的身材要求腰臀比在 0.7 以下。一个女人的腰臀比超过 0.7 越多，在男性眼中的魅力就越低。万事总有例外，但普遍观点是腰臀比在 0.7 上下或更低的女性更漂亮。我计算过一些著名女星的腰臀比，可以作为参考。

在另一项知名研究中，研究人员调查了几十年来美国小姐与《花花公子》御用模特们的体重和腰臀比的变化情况。虽然两者都逐年变得更瘦，但美国小姐和模特们的腰臀比一直稳定在 0.7 上下。这表现了西方社会在审美标准上的稳定性。

我的一名学生参加了几乎所有选美比赛，最近她刚在自己的故乡赢得了州际泳装比赛冠军。当我问她选美比赛的参赛选手是否重视腰臀比时，她回答说“绝对重视”。然后她向我解释说，完美的 S 型身材（胸臀大，腰身细）是在泳装比赛中胜出的关键。她还告诉我，参赛者们对于穿何种泳装，进行何种锻炼，甚至将耀眼的珠宝放在泳装哪个部位都十分慎重。她说：“我们的目标就是将评委的目光吸引到臀部，使腰肢看起来更细。”

著名女星的腰臀比

姓名	腰臀比
泰拉·班克斯	0.67
哈里·贝瑞	0.67
吉赛尔·邦辰	0.66
娜奥米·坎贝尔	0.71
莎尔玛·海雅克	0.68
奥黛丽·赫本	0.59
斯嘉丽·约翰逊	0.69
海蒂·克鲁姆	0.71
碧昂丝·诺斯	0.68
艾拉·麦克弗森	0.71
伊娃·门德斯	0.69
玛丽莲·梦露	0.67
凯特·摩丝	0.66
蕾哈娜	0.69
伊丽莎白·泰勒	0.58
乌玛·瑟曼	0.71

在美国有成千上万的女人为此忍痛挨刀，把腰部的脂肪转移到臀部来提高自己的腰臀比。这项手术为得克萨斯大学奥斯丁分校的研究人员提供了一个机会，他们做了一项特别的实验。研究人员将手术前和手术后的照片交给男性观看，同时对其大脑进行功能性核磁

共振扫描。相比手术前的照片，手术后的照片让男性的大脑更为兴奋。有趣的是，兴奋时涉及的大脑区域与吃巧克力或性交时涉及的“奖赏”区域相同。

进入青春期前男性与女性的腰臀比没什么差别，进入青春期后两者就有了显著不同。青春期后，男性的腰臀比为 0.85 ~ 0.95，女性则是 0.67 ~ 0.80。腰臀比衡量的是脂肪在身体的分布状况。进入青春期，男性的腿部和臀部脂肪量减少，女性受雌激素的影响，大腿和臀部开始囤积脂肪。腰臀比越低，说明女性的脂肪多堆积在臀部；而腰臀比越高则说明脂肪多囤积在腰部。

脂肪的分布区域不同对女性健康有明显影响。腰臀比较高的女性罹患癌症（尤其是卵巢癌、乳腺癌）、胆囊疾病、糖尿病、高血压以及抑郁症等许多疾病的几率更大。（要不然瘦，要不然死！）这也印证了世界卫生组织的观点：女性腰臀比大于 0.80 就不安全！

腰臀比不仅标志了女性的健康程度：

- 腰臀比低不但可以看出女性没有身孕，也说明她的盆骨宽大，生产时不会太费力；
- 女性到了一定年龄绝经后，腰臀又会恢复到和男性相似的水平。

所以我们能通过腰臀比看出女性的生育能力和年龄。此外，腰臀比还揭示了女性的生理状况：女性的腰臀比越低，月经就越规律，排卵也越频繁，人工授精、体外受精也越容易。一项研究表明，腰臀比为 0.7 ~ 0.79 的女性体外受孕的成功率差不多是腰臀比大于 0.8 的女性的 2 倍。

大家为什么喜欢低腰臀比？威廉·拉塞克和史蒂文·高林对此做了一个极具传奇色彩的研究。拉塞克和高林研究了数以千计的女性样本，并大胆预言：相比腰臀比高的女性所生的孩子，腰臀比低的女性所生的孩子能更快获得认知能力。怀孕和哺乳期间，女性大腿和臀部储存的长链脂肪酸可供孩子大脑发育使用。腰臀比低的女性储备的脂肪酸更多，所以她们的孩子更聪明。在稳定了一些不可控的变量后，实验结果和预言正好吻合。所以，比尔可以通过女性的腰臀比来准确预测她的生殖能力。当然，比尔选女友时，到底应不应该考虑对方的腰臀比或其他生理特征，这就脱离科学研究的范畴了。

看看女人们是怎样“兜售”自己的进化成果的吧！

世界第一例整容手术便是摘除最下端的一对肋骨，这样胸部以下就会显得更加苗条。几百年来，女性不惜冒着受严重内伤的风险，靠穿整形内衣来人工调整腰臀比，使自己看起来腰更细、臀更丰。如今我们依然可以见到这样的女性。《纽约时报》最近刊登了一张照片，照片中的女子拼命收腹，力图穿上一条西班牙式腰带。这种腰带可以起到显著增大臀围的视觉效果。眼下流行的低腰牛仔裤便是为了降低腰臀比的视觉效果而设计的。与此同时，女性还在努力隐藏腹部的赘肉。从大明星到普通女性都会自豪地宣布，自己很喜欢 Spanx（国际知名调整型束腹内衣品牌。——译者注）这类能凸显纤腰丰臀的物件。尽管在西方社会，理想体重和理想胸围应时而变，但“纤腰丰臀”这个理想体形却一直流传了下来。

西方媒体也影响了女性对腰臀比的重视程度。

1959 年面世的芭比娃娃一直是最畅销的玩具，全世界平均每 2 秒钟就能卖出一个。2011 年，佳丽娅·斯莱恩在《赫芬顿邮报》的网站上发表了一篇文章，描述她高中时为了让人们了解厌食症所做的项目。她的文章立刻引起了媒体的关注，几乎每家媒体的早间新闻都出现了她的身影。因为佳丽娅的项目便是制作了一个真人大小的芭比娃娃！如果将一个芭比娃娃放大到真人大小，她大约身高 175 厘米，胸围 99

厘米，腰围 46 厘米，臀围 84 厘米，穿 34 码的鞋，体重则是 50 公斤。算算她的腰臀比？0.55！按照这种身材比例，芭比娃娃连站都站不起来，而只能在地上爬行。

佳丽娅·斯莱恩站在她自己制作的芭比娃娃模型旁

然而，有可靠的实验统计数据显示：少女们对自己的身材越来越不满，可能是因为越来越多地接触芭比娃娃这种身材比例严重失衡的玩具。

几个世纪以来，化妆品已经成为上百亿美元产值的大型产业。无论是进化理论还是日常经历都告诉我们，女性可以使用化妆品来放大自己的生殖能力信号。随着女性年龄增大，生殖能力便会逐渐下降。从 25 岁开始，女性的眼睛会开始变小，眼白也会变黄；嘴唇会变薄变淡，颧骨变得不那么突出；皮肤渐渐苍白，缺少弹性，越发粗糙。因此，许多女性会选择使用睫毛膏、眼线笔、眼影、唇线笔、唇彩、丰唇膏、腮红、粉底等一系列化学制品掩饰外表的变化。

我曾问过一位育有两个孩子的 35 岁职业女性玛德琳为什么要化妆。

玛德琳从 12 岁起就学着时尚杂志开始化妆，她告诉我她化的是“裸妆”，这是一种看不出化妆痕迹的装扮方式。她将眼睛修饰得大了点，颧骨高了些，嘴唇丰满了点。此外，她还承认自己努力遮盖了皮肤上的色斑，这样会“显得更年轻更健康”。

而当我问 30 岁的布兰迪时，她马上回答:“哇！你算是找对人了！我爱死化妆了！这可几天几夜也说不完！”布兰迪刚进入青春期就开始自学化妆，她可以一连几个小时不停试妆。与玛德琳不同的是，布兰迪的妆都十分显眼，如大红嘴唇、突兀的眉线等。不过她和玛德琳一样,都力图让眼睛看起来更大,颧骨更高。她告诉我,她的嘴唇很薄，所以才用夸张的唇彩来修饰，让它显得丰满诱人。她还煞费苦心地在皮肤和眼睛下方使用遮瑕膏掩盖斑痕，这样会使她看起来健康、清爽。

我可不会说女人都化妆，因为有许多人不这么干；我也没有说女人的装扮都与玛德琳或布兰迪一样。我想说的是，这两位女性都是为了突出某些繁殖能力和生殖能力的表征。

化妆只是女性用来改变外表的方法之一，还有许多人选择整形手术，想靠手术刀或皮下注射来达到这一目的。美国人平均每年在整形手术上的花费是 101 亿美元,其中 91% 出自女人的钱包。隆胸、垫鼻、抽脂、割双眼皮和腹部整形是女性最常见的五大整形手术。而最常见的“微创整形”是注射肉毒杆菌,这种药物可以淡化皱纹。手术与化妆一样，都改变了女性的某些外貌特征：面部对称性、腰臀比、面部的女性化特征。

虽然男性的整形手术只占了 9%，但他们的整形目的也是为了使自己看起来更健康。鼻子整形、割双眼皮、抽脂、缩胸、植发是男性最常见的五大整形手术。与女性一样，肉毒杆菌注射同样是男性最爱的“微创整形”。

一些男性喜欢通过夸耀自己的物质财富来显示自己适合交往。我们都见识过这样的人：一旦离婚并开始寻找下一任，马上就会将衣柜里的旧衣服全都扔掉，买一块新款手表，然后将老式家用车换成全新跑车。在他邀请女性共赴晚宴前，总要先将自己打扮成“理想情人”。当然，这只是一个讽刺笑话，但我们多少都见过一两个这种喜欢在女人面前显摆的男人。

杰弗里·米勒在他的奇书《求偶思维》（*The Mating Mind*）中说：“人类不仅已经进化成一台生存机器，也成了一台求爱机器。”结果就是男性有时会炫富，如购买名牌衬衣、宝马轿车等，来展示他们所拥有的财富，并以此吸引女性。一项研究表明：花销比收入高的男性在5年内的性伴侣数量比花钱畏首畏尾的男人多，而他们也期待在未来5年会有更多性伴侣。这一研究结果是在排除了年龄、受教育程度和婚姻状况后得出的。如此看来，大手大脚的人比节俭的人更能吸引女性。而这一点对女性完全不适用，女性的开销状况与她的性生活史及性倾向毫无关系。

尽管衣装打扮、整形手术以及行为伪装都可能迷惑我们，但我们依然能分辨出哪些信号是真，哪些是假。真实的信号能如实地反映一个人的繁殖能力强弱和生殖健康状况，虚假的信号则只能提高受欢迎程度而对繁殖、生殖信息无能为力。女性的腰臀比和男性的面部对称性就是真实的信号；而从腰部抽取脂肪填充到臀部来改变腰臀比，则是虚假的信号。正如健怡可乐中的阿斯巴甜（一种非碳水化合物类的人造甜味剂。——译者注）让健怡和普通可乐“口感完全一样但是没有热量”一样，整形手术让人的外表好看，但对基因毫无帮助。

夫妻争吵头3分钟预示婚姻走向

挑选恋人是一回事，维系长期关系又是另一回事了。观察人们努力适应彼此的过程很有趣。对于我这种专业的行为观察者来说，整个世界都是我的实验室！

我喜欢观察发生在夫妻间的互动交流，尤其是他们闹矛盾时的表现。多年来，我在宴会、社区活动、家庭聚会及咖啡馆悄悄观察过这类夫妻交流。虽然看到这些会让人胸中郁结，但同时也能从这些争执中明白很多事。

有一次，我在旧金山的一家咖啡馆里看见一对男女，两人看起来都是30多岁，同样身穿正装：男方穿着黑色西服，女方穿着深蓝色衬衣和黑色长裤。在我踏进那家小巧的咖啡馆时，他们正坐在一张桌边谈话，但很快，店里所有人都听见了他们的争吵声。女方嫌男方开车太快，认为这威胁到了她的安全。她十分直接地告诉他，他开车时的冒险行为不但吓坏了她，也显出他是一个冒失的男人。男方则反唇相讥，声称如果不是她准备时间太长，他们早就出发了，也不会为了赶时间而冒险飙车。女方一脸不屑，骂男方是“白痴”，并说由他导致迟到的次数一点不比自己少。两人吵了大约5分钟，男方两手一摊，偃旗息鼓。他拿起桌上的《纽约时报》读了起来，对喋喋不休的女人置若罔闻。

我在新泽西州普林斯顿见过一对截然不同的夫妻。午后的阳光洒在咖啡馆的窗户上，窗外西风正卷着黄叶，咖啡馆里坐着一对50多岁的老夫妻，他们身体健硕，从身上穿的T恤、短裤来看，应该是刚做完运动。他们一开始谈着天气，但没多久就切换到一个不大愉快的话题：过节时给家人、朋友买礼物的金钱来源。很快他们就将话题从买礼物的钱转移到经济问题上。男方感叹女方买衣服的花销太大，让他们连节日礼物都买不起。但他说这话时面带微笑，有时还表示自己知道衣着对她来说很重要。而女方也一边微笑着把手搭在他肩上，一边承认自己非常理解他的感受，因为自己的确太爱买衣服了。

爱情是需要两人合作的双人舞，冲突是不可避免的。性生活、岳父母、公婆、朋友、生活习惯、孩子、金钱，甚至是驾驶习惯都会引起冲突。与上面两个例子一样，一旦步入这些冲突雷区，他们的舞步会因人而异：有的人是技术娴熟的“专业舞者”，毫不费力地在舞池中飞转；有的人则笨手笨脚，转圈的时候一定会踩到舞伴的脚。

那么，婚姻的成败能否通过观察这些互动来预测呢？如果能，我们又应该着重观察哪些信号呢？

约翰·高特曼在这方面比任何人都在行。高特曼将一生都贡献给了关于恋爱和婚姻的研究。与其他仅靠逸闻趣事佐证自己观点的“心理学家”不同，高特曼是个真正的心理学家。他不畏艰难，系统地观察了数百对夫妻，试图寻找婚姻中的信号。在一次访谈中，他说道：“冯·弗里希通过观察蜜蜂跳舞发现了蜜蜂的语言，那我也能观察人类跳舞。”

高特曼的团队仔细研究了夫妻间分分秒秒所发出的错综复杂的信号，并利用观察结果来预言这段婚姻究竟会白头偕老还是分道扬镳。高特曼邀请夫妇们讨论会引起争执的话题，如金钱、性生活等。他将谈话过程录像，还用仪器记录他们的生理反应，如心率等。高特曼将夫妻们的行为进行编码，以便后期研究。他还对这些夫妻进行跟踪调查，以确认他们是否能携手走到最后。

最让我喜闻乐见的一个研究结果就来自高特曼：根据夫妻们的交流行为，高特曼和同事们能以近 90% 的准确率预测哪对夫妻将会离婚而哪对不会。更令人吃惊的是，高特曼要作出这些预测，只需观察他们发生矛盾时的头 3 分钟即可。

对大多数夫妻而言，通过发生矛盾时头 3 分钟的交流就可以准确预测出交流在剩余时间的走向。因此，如果你看到一对夫妻一有龃龉就开始面带不悦数落对方，后面的交流也大致会如此；相反，如果一对夫妻在面对矛盾时能积极应对，那他们也会一直保持这种积极的态度。

与大多数婚姻咨询师不同，高特曼累积了大量解释婚姻成败的数据，就像上文我观察的旧金山和普林斯顿那两对夫妇。根据高特曼的数据，旧金山这对夫妻的许多行为征兆都预示着婚姻的终结。比如女方仅凭驾驶习惯就断言男方是“冒冒失失的人”，显然是对人不对事。而普林斯顿的那对夫妻则正相反，丈夫批评的是妻子喜欢买衣服的行为，而不是她这个人。如果婚姻中的一方总是针对另一方人格上的缺点，而不是他（她）的某种不当行为，那么离婚几率就会增大。

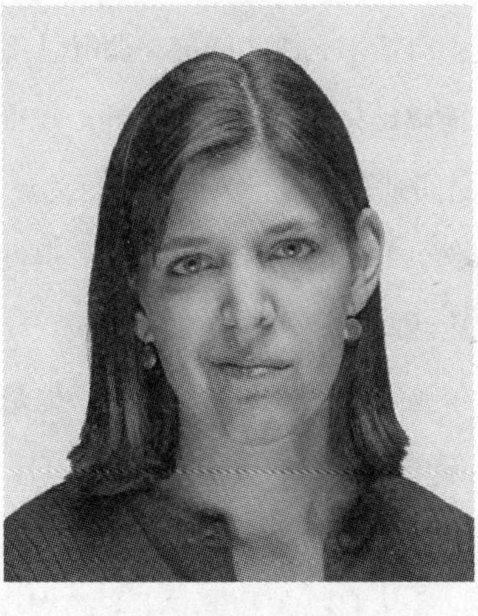

典型的不屑表情

1. 不屑的情绪和言语对婚姻的伤害巨大。旧金山的那位女性骂自己的老公是“白痴”，而且双唇紧闭，一侧嘴角上挑（与上图相似），这就肯定是在表达她的不屑了；

2. 婚姻不和谐的另一个关键因素是防卫心理。旧金山夫妻明显地展示了这一点：当男方指责女方准备时间过长导致他必须开快车时，女方非但不承认自己的过失，还反唇相讥。这样的防卫心理是婚姻状况不良的一种征兆。普林斯顿的夫妻则没有防卫心理，妻子在听到丈夫对自己高额消费的批评后，面带微笑并揉着男方的肩膀，表示接受这一批评；

3. 彼此置若罔闻也是婚姻失败的信号。来自旧金山的丈夫最后拿起报纸，对他的妻子不理不睬，这就是置若罔闻。如果一个人的心率超过每分钟 100 次，他有时就会以置若罔闻来降低生理上的兴奋程度，这在男性身上更为常见。

离婚男女与婚姻和睦的夫妻之间最重要的区别是两人积极和消极情绪的比例。我喜欢观察普林斯顿夫妻讨论购买衣服的问题，因为他们的情绪十分积极：对话中充满了微笑、调侃以及深情抚摸。

高特曼发现在能够延续婚姻的夫妻之间，积极行为是消极行为的 5 倍，而离婚夫妻之间则是消极行为比积极行为更多。因此，5 ∶ 1 是婚姻成功的黄金比例，1 个消极行为要用 5 个积极行为来补偿。1 ∶ 1 则是婚姻破碎的死亡线。

弗朗西斯·高尔顿是我钦佩的另一个人，他是英国杰出的知识分子，也是一位心理学爱好者，碰巧还是达尔文的表弟。高尔顿沉迷于测量人的行为，而且坚信从一个人的智力到一个人的无聊程度，万物皆可量！比如通过一个人打哈欠和坐立不安的次数就可以测量他的无聊程度。我秉承了高尔顿的精神，也统计了每场普通谈话中，夫妻双方表现出的积极语言、消极语言以及非语言信号的次数。当然，我并没有对这些夫妻进行跟踪观察他们离婚与否，但这种统计意义重大，因为这能预测他们关系的走向。

高特曼的研究向我们展示了婚姻中应该看重什么，教会我们如何预测婚姻质量和最终走向。他开启了对夫妻交流互动行为这种复杂现象的研究，并撰写了一套基于科学数据的婚姻综合指南。他的研究还告诉我们，应对婚姻中不可避免的矛盾时，怎样的方式是积极健康的，怎样的方式是消极有害的。

“杜兴微笑”让你活得长，爱得也深

通过交流互动行为来预测哪些人会离婚是一回事，通过照片来预测则是另外一回事了。最近，我仔细观察了我幼年和中学时的照片。那时候，我认为自己酷极了，但现在我只看见一个满脸青春痘，既没安全感又傻乎乎的孩子。在另一张大学时的照片里，我一身绿色西装，面色憔悴，笑得很勉强。虽然我改变了不少，可每张照片里的都是我。在一生中，每个人都有一些不随时间和地点改变的本性，而这会出现在你的每张照片中。那么这些照片中是否蕴含着某些能预测我们现在的状态和将来的宿命的线索呢？

我决心找到这个问题的答案。

我的学生设定了这样一个目标：拜访老人，并观察在他们幼年最高兴时拍摄的照片。许多老人在听了学生们的自我介绍，并得到数日内归还照片的承诺后，都很愉快地将照片借给了我们。我们拿到了各种各样的照片：结婚照、生日照、洗礼照、毕业照，还有许多是与家人或朋友一起的照片。那么，照片中年轻人的一颦一笑能否预测他的未来呢？

我们知道，这世上大概有一半的婚姻是以离婚告终的，男女双方身心俱疲、两败俱伤。离婚会引起诸多健康问题，如情绪失调、心血管疾病、糖尿病、癌症甚至死亡，而且对孩子也有不良影响。一项研究表明，幼年时父母离婚的孩子比完整家庭的孩子的平均寿命短 5 年。

有趣的是，父母早亡的孩子却不比其他人寿命短，说明仅是失去父母并不会影响寿命。

最神奇的地方来了，我们收集到的照片不仅有趣，而且能预测婚姻状况！我们关注的是童年和青少年时期的照片，成年后没有离婚的人通常在照片中都露出了真诚而灿烂的微笑，离婚的人则少露笑容。笑得最开心的人不仅让脸部肌肉收缩，嘴角上提，还收缩了一块眼眶周围被称为眼轮匝肌的肌肉。这块肌肉的收缩会使眼睛眯起，眼角出现细纹。这是“杜兴微笑”（颧骨和眼周部分肌肉运动形成的微笑称为杜兴微笑，这被看做真正的微笑而非假装。——译者注）的典型特征。杜兴微笑在未来会与伴侣白头偕老的少年脸上更常见，而未来会离婚的人则是挤挤眼睛，让自己看起来仿佛在笑。与你在飞机上见到的空姐，或酒会上想和你搭讪的人的笑容差不多。

我们又利用 1 800 多张大学纪念册中的照片验证了这一结果。我们先观察照片中的人的笑容程度，然后一一询问他们，看哪些人的婚姻是以失败告终。结果发现，少笑的人离婚率是多笑的人的 5 倍。现在，要不要翻开你的旧相册看看呢？

最近，一些研究人员研究了已过世的 20 世纪 50 年代棒球运动员们的照片，然后将照片分为 3 组：压根不笑的，皮笑肉不笑的，以及有杜兴微笑的人。在排除婚姻状况、受教育程度等因素的干扰后，有杜兴微笑的一组运动员平均寿命超过 80 岁，皮笑肉不笑的人平均寿命为 75 岁，而压根不笑的人平均只活了 73 岁。

看起来杜兴微笑能让我们多活 5 ~ 7 年，还能让我们婚恋顺利。如果你和威利·梅斯一样，一脸灿烂的笑容，你还能活更长时间。这位旧金山巨人队的名人堂人士，最著名的就是那张富有感染力的笑脸，在我写下这句话时，他已经 81 岁了。而埃迪·马修斯就没那么幸运了，他只活了 69 岁，很难说这与他不苟言笑是否有关系。

从投身这项事业开始，我就在学期开始时给我的学生们拍照，而他们总会在镜头前搞怪。我告诉他们拍摄这些照片的目的：照片能帮我记住他们的名字，（当然了，真正原因其实是万一他们出名了，我就有证据说他们是我教过的学生！）到了下一次上课，我就能叫出他们每个人的名字了。最近我又告诉他们：照片中笑得最多的家伙可能活得更长，婚姻也更稳定；笑得最少的人可能就没这么幸运了。

威利·梅斯（1931—）　　埃迪·马修斯（1931—2001）

不过，单独一张照片上的笑容还不足以预测他们的婚姻状况、性格或是寿命。在研究过程中，我们见过许多人曾笑得灿烂无比，后来却离婚了；也有不少人在照片中眉头紧锁，却婚姻美满。一个人在照片里不笑，当然有可能是因为觉得自己牙齿或笑起来时面部不漂亮，或拍照时他们正好心情糟糕。尽管有这些意外情况，但总的来说，微笑是婚姻和谐者与离婚者的区别之一。

为什么脸上一瞬间的表情能预测几十年后的生活？喜欢笑着拍照的人也许是比较听摄影师的话，不过最有说服力的解释是：拍照时喜欢笑的人正面情绪所占比例较高，社交也更广。李安妮·哈克和达契尔·凯尔特纳发现：毕业照中笑得灿烂的女性比不苟言笑的女性更有组织性、更友善、更富爱心与同情心。此外，还有研究表明毕业照中微笑的人比愁眉苦脸的人未来生活更加幸福，社交也更广泛。生活中的坎坷无法避免，只有那些情绪积极并拥有他人支持的人才会更加茁壮地成长。

饭后谈资

1. 满是汗味的衣服与精子的关系　脸部对称的男性，其衣服味道比脸部不对称男性的衣服味道更受女性欢迎；同时，女性认为脸部更对称的男性，其精子质量也更高。

2. 预测离婚　研究人员通过观察夫妻间 3 分钟的交流互动，就能以 90% 以上的准确率预测他们是否会离婚；甚至通过照片中的微笑程度也能预测离婚的可能性。

3. 笑容预测寿命　带有杜兴微笑的棒球运动员比不笑的运动员平均寿命长 7 年。

第 7 章
学读脸，教你识破谎言

一个正常人一生会故意说 2.8 万次谎，

我们每天都在面对精心编制的谎言。

为什么我们还会上当受骗？谎言是否有迹可循？

有人天生就能准确分辨谎言吗？

怎样才能像他们一样精明？

让你准确预测谎言的不是天分，

而是对真相的渴求！

10 年前的一次期末考试中，一名叫苏的学生面带尿急的表情，礼貌地问我能否允许她去上个厕所。在确定她没有带任何东西后，我同意了。几分钟后她回来了，对我说了声“谢谢”就回到座位上。但她说话时闪过一丝古怪的表情，这让我警觉了起来。

我请一位路过的女同事帮忙去女厕所检查一下是否有异样。怀疑自己的学生让我内心有些愧疚，但查证是必需的。几分钟后，同事回来了，手上拿着一份从马桶座椅背后找到的笔记本。

我的愧疚立即转变为震惊：“她怎么可以骗我？！”但事实上，这并不奇怪，因为我们每天都在上当：孩子对家长谎报自己的所在地，员工对老板谎称病假，政客在自己的意图和缺点上对选民撒谎，爱人们因出轨而彼此撒谎……尽管我们听了许多谎言，但依然没学会如何甄别谎言。

我们有理由相信：既然他人常对我们撒谎，那我们自己肯定也没有完全说实话。事实上，人们在小时候就学会故意欺骗他人了。在一项研究中，研究人员邀请一些 3 岁的孩子来到实验室并坐在桌前。研究人员设计了一个令这些孩子犯难的情境：在孩子身后放了一个新奇好玩的玩具，却要求他们不能回头。接着实验人员又告诉他们几分钟后就必须离开，并再次要求他们不能回头看。不出所料，90% 的孩子都偷看了玩具，而

62% 的孩子在研究人员询问时都选择否认或默不作声。

马克 · 吐温（Mark Twain）在《说谎这门艺术》（*On the Decay of the Art of Lying*）一书中写道：“每个人都会说谎。每天说谎，每个小时说谎；醒着说谎，睡着了也说谎，做梦时还在说谎；高兴时说谎，痛苦时照说不误。”

即便我们成年后，依然日夜修炼撒谎技能，每天说谎的次数多得吓人。大部分人平均每天至少故意说谎 1 ～ 2 次。计算一下就知道，一个人一辈子大概得说 2.8 万次谎言。

在《圣经 · 创世记》第 4 章第 9 节中，上帝问该隐：“你的兄弟亚伯在哪里？”该隐回答：“我不知道。难道我是他的监管者吗？”人类如此爱说谎，该隐甚至认为自己可以在杀弟这事上瞒过上帝。

我们是怎样说谎而不被人发现呢？在福克斯公司电视剧《别对我说谎》（*Lie to Me*）中，主人公卡尔 · 莱特曼博士和瑞亚 · 托雷斯几乎是完美的人体测谎仪，联邦调查局和警察局这样的执法机关也会雇他们解决棘手案件。莱特曼和托雷斯看穿他人谎言不费吹灰之力，而且几乎从不犯错。

我们能否通过生理和行为特征来甄别他人是否在说谎？虽然科学家最近使用功能性核磁共振大脑扫描技术以及其他测谎机器试图检测人们是否撒谎，但这些仅基于生理特征的检测并不准确。这样我们就得回到老式的特征分析了，一些征兆判断谎言比较准确，但并非对每个人都一样。实际上，大部分人判断谎言的准确率和瞎蒙差不多，大概为 54%，这和抛硬币没太大区别。

看谁在说谎

关于这个问题有无数的解答，主要集中在以下几个方面：

我才懒得管　做一个一辈子都相信他人的人很省事，谁又喜欢草木皆兵的生活呢？如果将真话误判为谎言，或者怀疑他人，这对他人是一种伤害。内心深处，我们可能并不想知道自己的另一半到底有没有出轨，或是请病假的下属是否真的病了。

傻傻分不清 无论是爱人、孩子，还是同事、朋友，谎言的行为和语言线索都不明显。如果再加上语言和非语言环境，如面部表情、姿态、话语停顿、面色、音色、用词、点头、手势、眨眼、情绪、眼神、语速，甚至腿部动作，那么甄别谎言几乎是无法完成的复杂工作，而这些细节如果不刻意观察是很难被注意到的。甚至对方根本没有说谎，而只是感到紧张。如果警察就一起谋杀案质询嫌犯，说谎者和诚实者的表现可能因为紧张而相差无几。最后，尽管研究人员一再努力寻找人在说谎时的特征，结果却只能无功而返，毕竟我们的鼻子不会像匹诺曹般一说谎就变长。

《木偶奇遇记》主人公匹诺曹

进化坏了事 人类进化并没有选择测谎功能。从进化角度来说，甄别谎言所需的代价可能太大，因此我们没有选择这个进化方向，也就没有识谎的天赋了。

父母添的乱　父母总是教育我们“要合群”，因此我们常常选择忽略他人并无恶意的谎言。父母本身也常向孩子撒谎以保护他们不被残酷的世界伤害。但这样做非但不能教会孩子识谎，还妨碍了他们识谎能力的成长。

我猜对了吗　对于谎言，无论我们猜对与否都很少获得反馈。儿子告诉我，他没有从饼干筒里拿走饼干，我可能会怀疑，却无从查证。当然，我们偶尔也会有得到答案的机会。一家大型快餐店的经理告诉我，有一次他的下属请了病假，而那天下午这位经理正好参加了一个志愿者活动，他必须穿上“超级英雄”的装扮：特大号鞋子、巨型头盔和绿巨人假肌肉。整个下午他都忙着与人合影、哄小孩子。这时，他发现那位“生病”的下属正一脸幸福地带着儿子在场内闲逛。神奇吧？后来这位丝毫没有察觉的下属还前去与自己的经理合影，合影结束后经理抓住他的食指让他等一下，然后一把扯下自己的头盔，笑着对他说：“你被开除了。”

在说最后一个原因前请先想象一下：

> 你是一家本地银行的经理，在一天的营业结束后，你发现新来的柜员米兰妮抽屉里少了 100 块钱。很快你听说有好几个客户和同事都投诉米兰妮的工作表现不佳。找到丢失的钱是你的职责，你仔细检查了米兰妮的每一笔业务，希望错误发生在账目上。但在仔细检查后，你确定钱的确丢了。你找不到钱的去向，只好将米兰妮叫进办公室问她钱在哪里。米兰妮简单地回答说不是她拿的，但她说话时显得很不耐烦，甚至从你桌上拿起一支铅笔玩，而且她每说完一句话就轻咬嘴唇。虽然她说话时还算礼貌，但经常摸鼻子和耳朵，敲着脚尖；眼珠转来转去，仿佛不敢看你似的。她的坐姿也在不停变换。

你相信米兰妮的话吗？如果不相信的话，哪些行为让你觉得她在说谎呢？

- 语气不耐烦
- 回答过于简单
- 说话有礼貌
- 摸鼻子
- 摸耳朵
- 点脚尖
- 眼珠四处乱转
- 躲闪你的目光
- 变换身体姿势

这个案例清楚地展示了最后一个原因：**我们对说谎特征的认知是错误的**。上述表现没有一个能准确推断他人在说谎。

如果你以为上面的某一条是说谎的特征，请不要泄气，很多人都犯与你一样的错误。从萨摩亚群岛到中国，研究人员询问了 58 个不同国家的人同一个问题：你认为什么样的行为说明人在说谎？被调查人士提供了约 100 种答案，其中目光躲闪，如米兰妮一般左顾右盼是人们最常提到的一个特征，这被认为是最可靠的说谎特征。不幸的是，人们的外在表现和真正说谎之间并无关系。我们对说谎的人部分认知都是误解，没有任何事实基础。

FBI 是识谎专家？

的确有一部分人善于捕捉谎言，通过对他们的研究，我们才找到了一些谎言的线索。

你认为以下哪些职业甄别谎言的准确率在 70% 以上呢？

- 美国特勤局特工
- 美国联邦情报机构（如 CIA、FBI 等）特工
- 法官
- 警察
- 精神科医生
- 学生

研究人员请各职业人士观看了说实话和说谎者的录像，只有一个群体判断谎言的准确率明显高于瞎猜，那就是美国特勤局特工。然而即使是特勤局，也只有 53% 的特工能以超过 70% 的概率分辨出实话和谎言，而其他人识谎与瞎蒙没太大区别。

当我第一次听说警察和 FBI 的识谎能力与普通人并无二致时，我非常惊讶。我曾认为如果世界上还有人能准确甄别谎言的话，那就只能是警察和 FBI 了。

杰里·沃特金斯在一桩女孩谋杀案中被狱友陷害。1984 年，一名 11 岁的女孩失踪了，5 天后，她的尸体在印第安纳州被发现。她曾被强奸并有多处刺伤。犯罪嫌疑人之一便是沃特金斯，他是被害人的姐夫，而且被害人家属认为在凶案发生前，沃特金斯曾调戏过被害人。不过让他被定罪的决定性证据却是狱友的证词。他声称沃特金斯向他承认了谋杀罪行。法庭依据狱友的供词与其他一些细节证据，判处沃特金斯 60 年徒刑。

问题是，沃特金斯根本没有杀人。所有人都没有发现这名狱友在说谎，而这个谎言将整个案件的侦查工作导向“去证明沃特金斯是个可怕的杀人犯”。沃特金斯挨过了 13 年的

牢狱生活，直到DNA证据被引入案件调查，才证明他并非凶手，而后无罪释放。

我很好奇嫌犯和证人骗过警方的几率有多大。测谎复杂无比，但这并不能成为公检法（公安局、检察院、法院的简称。——译者注）人员不学习测谎的借口。

“诚实肌”出卖了你的心

在告诉大家正确的谎言线索之前，先来看几条重要说明。

首先，所有欺骗的线索仅仅是提示而已，并不能准确断定谎言。所以如果你只是抓住了一个或几个线索，并不代表他人一定在说谎。

其次，虽然关于哪些线索可以帮助识别谎言已经达成诸多共识，但同样也有不少争议。我力争总结出最可靠的几条。一般人在说出“我可没有对不起我老婆”这种大谎时，会比“这件衣服你穿起来不错”这种小谎更容易露出马脚，因此我只谈研究人员在研究人真正撒谎时所发现的线索。

回顾米兰妮案例，那名因为丢了100块被经理质询的柜员。这一次，我们假设她的确偷了钱。米兰妮一大早在银行刚开门时偷偷从抽屉里抽出一张100元大钞藏在她的车前座下。经理毫不留情地问她：“是不是你偷了钱？”米兰妮有两个选择：要么承认，要么说谎。承认比较容易，因为后果如何米兰妮很清楚。如果她试图欺骗经理她没有拿钱，她就必须编故事。比如她可能对经理说自己粗心大意，将2张100块的钞票错当成2张50的拿给客户了，这就变成了一种因粗心所犯的错误。

如果房间里有一名测谎专家在观察米兰妮，他会注意两方面的线索。

首先是“思维线索”，即她编造一个子虚乌有的故事所花费的脑力。如果米兰妮打算对老板撒谎，她就必须编造她没注意到拿错钱的故事。相比实话实说，圆谎需要花费额外的脑力，研究人员称之为“花费在认知上的额外精力”。这可能会露出一系列马脚。比如米兰妮在回答问题时，为了圆谎可能犹豫不决，也可能眨眼次数减少，犯点口吃，或总是重复一些平时不重复的词句，又或者话变少了。米兰妮的故事中还可能出现矛盾，复述过程中她可能记不起之前编的故事的细节部分，也许讲故事时还伴有她不常用的手势等。这都表明她的认知负荷有所增加。

其次是“情绪线索”，人在撒弥天大谎时的情绪是难以掩盖的。米兰妮板着脸对老板说谎时，心中可能出现愧疚或恐惧情绪。这些情绪不但会在说谎时显露，也会在试图掩盖时露出马脚。谁没有在听朋友讲冷笑话时假笑过呢？

情绪表情研究专家保罗·艾克曼博士在谎言情绪线索方面的研究无人能及，他的研究成果直接催生了电视剧《别对我说谎》。2009 年他 75 岁时，被《时代》杂志评为“世界最有影响力的 100 人之一”，入选理由是他在情绪及指导大家识谎方面的杰出贡献。

艾克曼对谎言的兴趣给我们带来了数不清的新发现。他早期在医学院讲授精神病理学，在解释达尔文于 100 年前提出观点之一，即情绪表现的普遍性时，他发现学生们兴致很高，尤其是对现实生活中那些生死攸关的问题：“如果一位病人因急性抑郁症而入院治疗。现在他声称自己痊愈了，不再想自杀了，并要求回家一天。医生该如何分辨病人是否在说谎呢？”类似问题连艾克曼也不知如何作答。

一位名叫玛丽的女精神病人在入院几周后谎称周末想回家与家人团聚。玛丽曾有过自杀史，她本打算趁这个周末再实施一次自杀。幸运的是，艾克曼将她提出申请的这次对话录了下来，以便从中寻找谎言的线索。

艾克曼与同事看了录像，希望能找出谎言的征兆，但一无所获：影片中的玛丽看上去幸福而乐观。但他们并不气馁，又花了100多个小时一帧一帧地仔细研究了这一段12分钟的谈话录像，这一次他们找到了关键。

医生问玛丽未来有何打算时，玛丽的脸上闪过剧烈的痛苦表情，这只持续了1/12秒的时间，也就是1.7万帧录像中的2帧。此后，玛丽就用饱满的笑容掩盖了这种情绪。艾克曼一找到这个答案，很快就发现了谈话过程中，玛丽露出的其他绝望表情，而这一次他已经不需要一帧一帧地分析了。实际上，他已经能在谈话时就发现这些信号，而无需借助录像带。

艾克曼并不满足于此，他清楚玛丽的表情只是她特有的而已；而且他只能在知道了别人撒谎后进行分析，还不能在他人撒谎前揪出谎言线索。他与同事们继续研究并确定了谎言和情绪之间的关系。在最新研究中，他已经能单看面部就达到70%的识谎准确率了，如果是分析面部表情、声音、语言和肢体动作俱全的录像，他的准确率达到了惊人的90%！

那么，数据告诉了我们什么呢？

1/5秒微表情 人们在说谎时往往试图掩盖自身情绪，他们可能感到恐惧或负罪感，也可能像玛丽一样自称快乐却感到绝望。但有时说谎者的感情会像玛丽那样在眨眼间通过面部表情泄露，我们把这短暂的表情称为“微表情”。微表情的持续时间不到1/5秒。艾克曼博士的一位同事分析了一位著名棒球运动员接受访谈时的录像。在被问及“你是否为了破纪录而使用过药品”时，他回答“没有”。但在语毕的瞬间，他的脸上闪过一丝轻蔑：嘴角撇向一侧并上抬。几个月后，这位运动员就承认自己使用过兴奋剂。玛丽与这位棒球运动员的微表情很难被察觉，而且，研究显示大多数人都无法立刻发觉这些表情。艾克曼博士常举办一个短期课程来训练人们如何发现微表情，这对公检法人员尤其有用。

表情忽然变换 我认识一位名叫埃塞尔的老人，她很聪明，但与其他老人一样，周身常伴有病痛。我见到她时经常会问:“身体如何?”这时可以看见她脸上立刻显出痛苦的表情，但她立刻就会换上一副笑脸,仿佛自己“感觉很好”一样。艾克曼博士将这种表情变换称为“表情克制”，当一个人发现自己的某种表情不恰当，就会试图克制或用另一种表情来掩盖。相比微表情，被克制的表情并不完整，但持续时间更长，所以更容易分辨。如果一个人的某种表情忽然不见了，转而换成了另一副表情，这就是他在说谎的可靠证据。

“诚实肌” 一些面部肌肉不受我们主观控制，艾克曼将这种肌肉称为“诚实肌”。如果一个人说自己很难过,脸上也是一副忧伤的表情，但眉头却没有向上皱起，那他可能根本就不难过。因为他无论怎么努力也无法主动让这些肌肉收缩。同样，快乐也有其“诚实肌”：眼眶四周的眼轮匝肌（也就是那些让你眼角爬满皱纹的肌肉)。在 2012 年伦敦奥运会中，我看到许多假笑。大部分获奖者在颁奖过程中一站上领奖台就笑逐颜开，但如果仔细观察就会发现，银牌获得者眼眶四周的肌肉不会收缩，而金牌和铜牌获得者则相反。银牌获得者的笑容仿佛是装出来的，偶尔还透露出一点悲伤的负面情绪。已有研究者系统地研究了奥运会奖牌得主的微笑并证实了以上观点。如果你讲了一个笑话，发现听众笑了但“诚实肌”却没有收缩，就基本可以断定：他们认为你的笑话并不好笑。

不对称的表情是伪装 当一个人做出一种表情时，他的一边脸比另一边的肌肉收缩得更厉害，那这种表情就很可能是装出来的。艾克曼博士发现大部分真实表情都是对称的，也就是说两边脸的动作基本相同。如果一个人伪装表情，很可能无法做到对称。下次你讲笑话时可得花点时间看看朋友们的笑脸是否对称。

真实表情不会停留超过 1 秒 如果你观察过政客，就会看到很多虚伪的微笑。这多半是因为他的微笑出现时间与正常时间不同。我最喜欢举的例子是麦凯恩（美国政治家，曾与奥巴马角逐总统宝座，最终败选。——译者注）。2008 年大选期间，一些人在博客圈里指出他的微笑“怪模怪样”。这样的评论导致讽刺性报纸《洋葱报》（*The Onion*）针对 2008 年大选发表了以下文字：

> 上个月在俄亥俄州会见一群商务女性的时候，麦凯恩提到自己的妻子时，脸上却挂着笨拙而诡异的笑容。这可让讲稿撰写人查佩尔胆战心惊，他在此后的演讲中都尽量避免使用逸闻趣事，甚至连提及“上帝”或“这个伟大的国家”的句子也省去了。他还将另外一些需要麦凯恩咧嘴笑着说出的词语一并删除。

麦凯恩微笑的时机解释了为什么《洋葱报》观察员会认为他的微笑很奇怪。有时，他的面部肌肉并不是迅速而流畅地收缩，而是先停滞一下，再猛然收缩。但最能说明问题的还是笑容在他面部停留的时间。艾克曼说：“除非人们的情绪达到极致，如欣喜若狂、怒不可遏或痛不欲生，否则真实的情绪表情都不会在脸上停留超过 1 秒钟。”除了这一点，麦凯恩的“死鱼眼”更是让这倒霉“孩子”的表情彻底没救了。他与我们大家一样，也无法主动控制眼眶周围肌肉的收缩。

真实表情与其他动作同时出现 真实的面部表情往往与其他相关行为和动作同时出现，而虚假表情要么提前，要么延后。如果一个人猛跺脚后脸上才出现愤怒的表情，那基本可以肯定他是在佯装愤怒。

说谎时瞳孔会放大 人在说谎时会不会更频繁地眨眼？人们对此

给出的答案并不一致，但说谎时瞳孔会放大这一观点则有强力证据支持。研究人员认为瞳孔放大是由神经兴奋造成的，而兴奋的原因则是紧张或思考量增大。

眼泪是人们经历强烈的感情如悲伤、紧张甚至兴奋时所产生的。如果我们看见眼泪，就等于看见了“溢出”的感情。但与眨眼及瞳孔放大一样，这也不能帮我们断定他人有没有说谎，而只能证明对方当时的感情十分强烈。

说谎时声音更高　说谎时的嗓音常高于平时，这使说谎者的嗓音听起来更紧张或更痛苦。

一次露底别放手，定要乘胜追击

我们之中隐匿着一群“测谎巫师”，他们可以教会其他人很多识谎知识。研究人员邀请了 1.5 万人参加实验，让他们对录像中的人物对话进行谎言识别，最终，研究人员找到了这些识谎大师。被实验者中的绝大部分判断谎言的正确率只在 50% 左右，但这些“测谎巫师”却达到了 80%。但这 1.5 万人中只有 50 人达到了这一正确率。

有一位女士自称“识谎神眼”，她有一头棕发和一双棕色眼睛，新闻学本科毕业，教育学硕士毕业。识谎对她来说，就像让贝多芬弹奏一曲《致爱丽丝》般简单。

识谎神眼从小就知道自己阅人能力非凡。她记得小时候会玩“吹牛”游戏，这个游戏要求参与者甄别其他人说的话是真是假。朋友们很快就发现和她玩“吹牛”有输无赢，那时她还认为自己能赢只因运气好，但现在她知道这个游戏反映她很早就具有的识谎能力。到了中学时代，她充分了解了自己的天赋：她知道人们需要什么、渴求什么、害怕什么、焦虑什么。有一名同学甚至因为她的神奇能力而称她“巫婆”。

成年后，识谎神眼一直努力尝试理解他人，分析他人行为。她在30岁出头就立志要找出自己能准确看穿他人谎言的原因。为了测试自己的能力，她开始将自己观察到的东西告诉他人并为他们提出参考意见，目的就是为了看看自己的判断是否准确。2004年，她遇上了改变自己一生的事：在网上看到了一篇关于“测谎巫师”项目的文章。她迅速联系上了项目的领头人物莫林·奥沙利文，并要求参加测试。参加测试仅仅一周后，识谎神眼就被项目组正式授予“测谎巫师”称号。

我曾问过“识谎神眼”对那条改变人生的新闻作何反应，她说：

> 拿到测试结果时，我开心得几乎要喊出声来。那反应连我自己都吃惊！多少年来，我发现朋友们对我看见的东西视若无睹，他们总说我对他人分析过度，说我想太多，甚至说我疯了。现在我知道自己真的有这种天赋，多年的压力和委屈一扫而空，让我忍不住想哭。我为这样的结果感到高兴，这完全改变了我的生活。
>
> 奥沙利文博士来到我家中，花了4天时间采访我和我的家人，从那时起，我才知道自己为什么能看见别人看不见的东西。我可以看出肢体语言、交流、面部表情和情绪的细微差别，而别人看不见，这就是为什么我的世界如此与众不同！能知道答案的感觉真好！

现在“识谎神眼”为全国公检法人员提供培训，她还开设了一个博客，公开分析那些疑似在公众访谈中说谎的人。她仔细观看了这些访谈，在真实情况尚未公布前预测这些人是否有说谎。她有时分析备受瞩目的谋杀嫌疑犯是否说谎，有时观察生活中更琐碎的事，比如布兰妮·斯皮尔斯（美国著名女歌星。——译者注）的婚姻是不是像她宣称的那么美满。到我写下这行字为止，在她分析过的39起事件中，预测正确的有 37 起，这个结果无论怎么看都相当了不起！

测谎巫师有一个共同点：对需要知道真相的事，他们非常专注，而且有足够的动力和耐心去寻找真相。他们与大多数人不一样的是，他们对真相有着永不消退的热情。他们分析人与人交际时的细节，而我们则视若无睹。比如一位测谎巫师听 10 岁的儿子对她说昨晚在朋友家过夜时，她会仔细地思考、观察所有的行为表现，而大多数人只是想想这句话的真假就过去了。莫林·奥沙利文说："测谎巫师非常习惯于捕捉面部表情、体态及说话、走路方式上的细微差别，他们有些人看几秒录像就能说出其中人物的 8 个细节特征。"

测谎巫师的能力究竟是天生还是后天不懈努力造就的？答案是两者兼有。莫扎特的天赋毋庸置疑，但若没有对艺术的痴狂和专注，他也不可能留名青史。测谎巫师也是如此，他们的确是天才，但坚持不懈地分析他人的行为并搜集反馈才是他们成为识谎大师的最重要原因。

当你老公告诉你，他和公司女同事没有关系，此时他看不看你的眼睛和他有没有说谎并无关系。即使他在试图说服你时神色不安，摸鼻子、摸耳朵或总是变换姿势也不代表他说谎了。真正能证明他说谎的，是他有没有表露出标志说谎的信号。

当然，谨慎为上，发现一两个说谎信号也不代表对方就一定在说谎。更重要的是要观察对方是否有与言语不符的动作。如果你问老公是否出轨，他回答说没有，但你注意到他说话时嗓门略高，看到他略微害怕的表情，又察觉到他笑得不那么自然（尤其是不该笑的情况下还笑得出来），你就应该提高警惕了。"识谎神眼"女士告诉我们："大部分撒谎者都会露出一连串马脚。"注意多种信号并发而非只抓住一两个孤立的证据，这是识谎最重要的原则；一旦有了新的信号，那么之前的结论也可能被完全推翻。

尽管有识谎高手的存在，我依然不鼓励大家仅凭这些信号就判断他人言语的真假，而应该在对方露出马脚后再多问一些问题，乘胜追击。

饭后谈资

1. 瞎　猜　大多数人在识谎方面的能力和瞎猜差不多。

2. 研究人员仅通过分析某些特征就能识别 90% 的谎言　研究人员可以通过分析面部、声音、语言和姿态信号，就能分辨出 90% 的撒谎。

3. 人群中的测谎巫师　我们中有很小一群人（约 1/1 000）可以被称为测谎巫师，他们判断谎言的准确率可达 80% 以上。

第 8 章

从第一堂课就可预测“学生缘”

学生对老师的评价在首堂课就会形成，而且一直不变？

同一位老师，授课时手舞足蹈更能博得学生的好感？

热情的力量绝不仅仅局限于教育行业，

它渗透在社会的各个领域。

从投身教育行业第一天起，我就会在期中考时请学生们来我家享用晚餐。餐桌提供了一个课堂外的轻松场合，能让我和学生们互相了解。我常在这时询问学生们喜欢的课程，也会不可避免地问及这些课程的老师。按学生们的说法，最好的老师应是将课本内容倒背如流，而且对该课程领域充满热情的人。此外，他们还必须乐于与学生进行交流，并能公正客观地评价学生。

这些条件让我想起了我的大学老师们，其中一位是毕晓普教授。他是我的发展心理学老师，这是一门囊括了“从生到死”所有内容的学科。毕晓普教授备课认真，而且采用了各种有趣的方法授课，比如讲故事、举生活例子、调侃理论、列出有趣数据等。每次从他的课堂走出来，我的脑袋里总是装满了新奇想法、未知问题和对知识的渴望。我也想起一些授课不那么认真的教授，甚至在我非常喜欢的课程中也遇到过这样的老师。我相信你也和我一样，会想起学生时期所碰到的最喜欢和最讨厌的老师。

我们用赚到的小费数目来衡量一位服务生，用得票数目来衡量一位政客，评价老师则是在期末用不记名调查进行。调查的形式因学校而异，区别主要是问卷问题不同，以及评分和列举这两种答题方式的比例不同。调查可能要求学生在某些方面为老师打分，如：

- 这门课程对学生的整体教育来说有多大贡献？
- 任课老师对该课程领域了解是否全面，上课准备是否充分？
- 能否在上课时间外找到该老师？他能及时为你提供帮助吗？
- 任课老师对待学生的态度是否公平客观？
- 任课老师能否激起你对该课程的兴趣？

……

除了有关老师的问题外，调查还可能询问学生选择这门课程的原因以及预计自己期末考成绩等。调查问卷会提交给学校，在老师评定学生的最终成绩后，他也会收到学生对他的评价结果。

这种评估方法在高等学府中已是通例，但它也有自身缺陷：学生们是否有能力评估老师的水平？对课程的喜好是否会影响到学生对老师的评价？而与本书最相关的问题是：学生要用多长时间才能形成对一位老师的印象？对这些问题的研究多如牛毛，说出来会吓你一跳，而这些研究产生的深远影响更是让人无法想象。

6 秒判断教学水平

学生要用多长时间才能形成对一位老师的印象？有一项研究邀请了 5 名教师所教的 14 门不同科目的学生对他们进行评估。这些学生被分为两组：第一组在第一堂课后进行评估，第二组在上课一周后评估。到了学期末，学生们还会再做一次调查评估。

问卷中的一些问题，无论学生们是在第一天还是第一周后评估，其结果都与他们的期末评估相同。这些问题包括教师对该课程的兴趣、讲解重点的能力、传达课程要求的能力、提供优质反馈的能力、学生与之联系的难易程度、所采用的评分标准与课程要求的符合程度、激励学生的能力、课程难度等。换句话说，学生们从第一天就形成了对该老师的印象，并在此后 4 个月里维持不变。

学生的确可能第一天就感觉出老师的好坏程度。老师会在课上提出课程要求，以及自己倾向于何种交流方式。但学生对老师的印象会不会与第一堂课上所讲内容无关，而只和老师的非语言信号有关呢？

这位大学教授用手势、变换嗓音和夸张的表情来讲授视觉感知

在一项具有开创性的研究中，娜莉妮·阿姆巴迪和罗伯特·罗森塔尔以学期末的调查结果为标准，试图总结学生判断一位老师的能力需要多少时间。实验设计很精巧：研究人员在哈佛大学的人文学、社会科学和自然科学的助教给本科生授课时，将整堂课录了下来。学期末，研究人员会请上课学生对助教的以下两个方面进行打分：

1. 课程的总体质量；
2. 助教的总体表现。

这两项分数的平均分会被用作教师的期末评分。

阿姆巴迪和罗森塔尔又将录像给从未听过这些助教上课的学生们

观看，他们将对助教的特定非语言信号打分，如自信心、可爱程度和热情等。而且这些学生看到的并不是整堂课的录像，而是截取每位助教30秒的录像片段，一般选择一堂课刚开始、中间和结束时各10秒。

此外，阿姆巴迪和罗森塔尔还让另一群陌生人观看了课程录像的无声剪辑版。这些陌生人仅凭30秒的录像就能判断哪些助教水平高，哪些水平低。学生认为高水平助教的非语言信号更温和、主动、积极、乐观、热情、自信、可爱、干练，支配性也更强。

后续研究中，研究人员采用类似方法研究了高中教师。陌生人在观看了被认为是高水平教师的30秒教学录像后，评价其更具包容性、更温和、更专注、更专业、更乐观、更可爱、更积极。更重要的是，教师的非语言信号与获得的评价间关联性非常大，这说明根据教师的非语言信号可以准确预测其他人对他的评价。

在一项被阿姆巴迪和罗森塔尔称为“让短片更短”的研究中，他们将先前3个10秒的录像片段进一步缩短为3个2秒的片段。令人吃惊的是，根据陌生人对这6秒内助教展示的非语言信号的看法，依然能预测这些助教在学期结束时所获评价。特别是被学生评为优秀的助教会被陌生人评价为更积极、专注、干练、自信、能理解他人情绪、诚实、可爱、乐观，也更热心。

与我们的直觉相反的是，陌生人根据30秒录像作出的评价，反而不如根据6秒录像作出的评价准确。但这种方法对高中教师并不适用，6秒录像并不能预测他们的水平。你可能怀疑这与长相有关，但人们在根据非语言信号评估助教和高中教师时，结果与教师长相无关。

每当我告诉同事们只靠几秒的动作就能预测学生对他们的评估结果，甚至连声音都不用听时，他们往往惊诧不已。他们会问：“这几秒到底能发生什么神奇的事？”一项研究表明，优秀教师“无论面部表情、手势、身体姿态还是声音都十分丰富，而且他们喜欢站定授课，既不坐下也不四处走动。他们喜欢以听众为中心,而且不断变换中心位置”。换句话说，他们会将听众淹没在自己释放的热情中。

然而，更温和、更激情的教师是否就知识更渊博，课教得更好？还是说，仅仅因为他们的授课方式使学生给他们好评？

越热情的老师就越博学吗？

上述研究都着眼于相关性，因此我们无从得知为什么教师获得的评分会随他们发出的非语言信号而变化。想知道答案，就需要设计一个实验,在实验中保持教师的授课内容不变,而授课风格不断变化。幸运的是,康奈尔大学的一个研究团队已经完成了这个实验。著名行为学研究者史蒂芬·塞西多年来一直教授发展心理学，每个学期末他收到的评分与其他科目教师相差无几。在累积了近 20 年发展心理学授课经验后，学校请他在秋季学期结束后，于春季学期开始前参加一个演讲风格研讨会。

这给了塞西千载难逢的研究机会。他在秋季学期为自己早已烂熟于心的课程录音，接着参加了研讨会。研讨会上有一位专门研究演讲风格的媒体顾问向教师传授如何通过变换手势和嗓音，能更激情地传达信息。

研讨会结束后，塞西教授又在春季学期讲授了相同的课程。他竭尽全力让其他课堂因素保持一致，如课本、评分标准、考试水平、上课时间、课程内容、演示文件、观看的视频、投影板书、学生类型、课时等。春季开课前他又复习了上学期制作的录音，尽力按过去用过的词句授课。他上课时依照的是相同的提纲，写的是同样的投影板书，甚至连说话内容也完全一样。到了春季学期末，两位没有听过他上课的人随机选听了塞西前后两次的授课录音，他们也认为两个学期所讲授的内容完全一致。

塞西在秋季和春季学期的热情程度

比较结果差异非常大，数据很清楚地表明，尽管其他方面没有太大区别，但激情四射的春季课程得到的学生评价更高。他们认为教师更有热情、更博学、更包容、更易取得联系、授课更有组织性。在这些方面，教师的得分增长幅度超过了增长平均值。

而对于课程本身，秋季学期的学生们认为自己学到的知识“达到平均水平”，而春季学期的学生则认为自己学到了“很多东西”。研究人员为了验证学生们的观点，对比了两个学期的学生考试成绩，但结果发现，他们的成绩别无二致。“热情的塞西教授”教出来的学生只是感觉自己比“拘谨的塞西教授”教出来的学生学到的知识多而已。

春季学期的学生还认为，课程目标、要求及评分标准传达得更清晰，评分也更公正。甚至连两个学期毫无区别的教科书在春季学期也更受欢迎。

学生们回答的最后一题是：“相比其他课程，你对这门课的评分如何？”秋季学生的答案在“较差”和“一般”之间，而“热情的塞西教授”授课的春季学生则将课程评价为“良好”。从评价上看，这是一个巨大的飞跃。那么“热情的塞西教授”是不是真的比“拘谨的塞西教授”更好呢？他的学生有没有学到更多知识呢？

对课程的评分结果

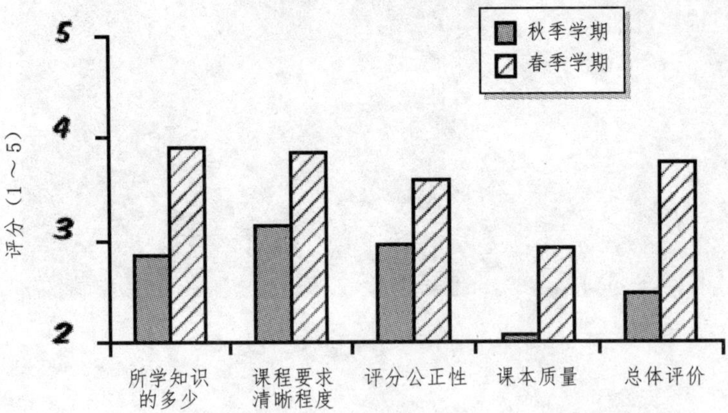

对教师的评分结果

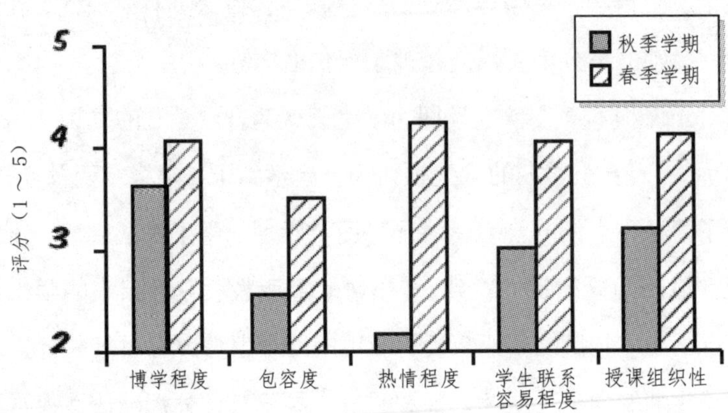

假装外向，你就能更受欢迎

我们为什么关心影响学生对教师评分的因素？这些研究虽然令人惊诧，但适用范围似乎并不广泛。但我认为，这些研究结果有重要的实质性影响，比如在以下三个方面。

首先，这一研究解释了我们的思维方式，以及谦卑的重要性。如果你直接询问学生，他们绝不会承认自己对教师的评价取决于他们挥不挥手、嗓音有没有变化等因素。然而上述研究恰好证明了这一点。我们认为自己清楚什么是好教师：精通课程领域，有明确教学目标，评分公正，授课有组织性，能与学生保持联系。但实际上我们并不清楚答案，至少在调查评估问卷中没有体现出来。上述研究也证实，从学生的感受来说，一位教师授课的方式与授课内容同等重要。

一个更大的问题是，我们对身边的人的印象往往由很多无法理解的因素决定。你可能认为牧师、恋人、市长、孩子的老师、医生这些人给你的第一印象很不错，但这印象在多大程度上体现了他们真正的能力和素质？还是说，评价只是由表面因素决定？印象与能力往往混杂在一起，很难说清两者在我们评价他人时各占了多大比重。更重要的是，**我们自以为知道自己为什么喜欢或讨厌一个人，实际上我们可能并不清楚**。

其次，这些研究结果对教育领域有着深远影响。我上大学时，会在每门课上花 5 ~ 10 分钟填写教师评估表，一旦交上去，我便对这些表格去了哪里，有什么用途一无所知。我认为愿意接受反馈的老师会考虑我的评价，但除此之外，这些评估表就像石沉大海一般消失得无影无踪。

对需要接受评估的教师来说，这种做法大错特错。这些评估教师的方式在高校中应用广泛，而且往往影响很大。实际上，无论是申请终身职位、晋升还是工资调整都与评估结果相关，甚至由其直接决定。一位院长说：“对于教学水平，我只相信一件事，那就是学生的看法。”如果学生对一位教师的评价不高，这位教师的职业前途可能会完全改变，比如因为申请终身职位被拒而不得不转投他处。如果只用几秒钟的非语言行为就能预测出该教师将获得的评估结果，那么高校在考虑教师的就职升迁时，是否应该降低评估结果所占比重呢？

下一个问题是，获取终身职位与职位晋升上过分强调教师评估的结果，使教师不得不人为拔高学生的分数，仿佛搞慈善似的拼命派发“A”。2008 年，教师给出的学生成绩中 43% 是 A，而在 19 世纪 60 年代只有 16% 的人能拿到 A。当然，可能现在的学生比从前的学生更聪明更好学，但我对此深表怀疑。教师对 A 的标准比几十年前低了很多，虽然分数虚高也可能是受其他因素影响，但教师对高评估的渴求肯定是原因之一。

对评估结果的看重还会衍生另一个问题：教师可能因此放弃严格要求。最近一篇论文写道：“所有研究几乎一致表明，严格要求与学生对教师的评价成反比。在学生眼中，严格要求的教师形象都十分负面，这会妨碍积极师生关系的形成。”美国幽默作家唐纳德·马奎斯概括了这种关系：“如果你让人们以为自己在思考，他们会喜欢你；如果你真的让他们思考，他们就会讨厌你。”

这一问题不仅限于大学校园中，每年都有千百位教师会接受校区评估。我妻子是一位一年级老师，她能否被评为“优秀”的一个因素是校长对她的课堂教学评价。每学期校长都会进她的教室听几堂课，然后填写评估表。表面上看，这似乎是一种合理的考核方式，但如果将本章的研究结果考虑进去，你就会对美国教育系统所采用的方法产生怀疑。官方对教师的评价中，表现力都是其中大头，与授课明晰程度以及调动学生学习劲头占比相当，甚至可能更高。当然，富有表现力本身也是教育的一部分，在小学更是如此。但这不应该成为评估结果的决定性因素。

最后，这些研究结果使我们发现了一种叫做“表现力光环”的东西。像“热情的塞西教授”这样活跃而富有表现力的人，会被认为更温和、更重要、更积极，处理人际关系也更娴熟。一位刚入职几年的教师碰巧也发现了这一规律：“我感觉自己找到让学生对我产生高评价的方法了。

我试了又试，碰了好几回钉子，结果发现假装外向十分有效。”

表现力光环的影响不局限于教育领域。我第一次发现这个问题是在带祖母去看医生时。第一位医生四十五六岁，看上去很干练。但如果让我给他在看病时的表现力打分，我会只给他 2 分（满分 10 分），后来由于种种原因我的祖母换了一位医生，新医生与前任年龄相仿，但她顾盼神飞，很有表现力。她形象出众、面带微笑、经常点头，而且说话时带有许多手势。我会给她 8 分，两位医生的差别十分明显。我的祖母对后者不仅更喜欢，而且更言听计从。

在医疗领域，有一项研究支持了我的解释：该研究录下了理疗师诊疗 75 岁以上病人的过程，并抓取了其中 3 段 20 秒的无声视频给其他人观看。与此同时，研究人员还收集了病人对理疗师的评价。

与我的祖母一样，年纪大的病人看病时如果遇到情绪表现力强的治疗师，会认为他们更温和，更能理解自己的情绪，也更关心照顾自己。重要的是，这种表现力光环效应并不仅限于知觉方面。这类医生的病人认知能力更强，进行诸如穿衣、走路、洗澡等日常活动的能力也更完备。因此，只要让他人看 1 分钟的无声录像，再通过他对治疗师表现力的评价，我们就能对病人的恢复状况稍加预测。

尽管表现力光环的力量影响着我们对他人的认知，但大多数人还未意识到这一点。我在晚餐时，问学生们最爱的老师时，从没有人承认过他们喜欢某位老师是因为他（她）的情绪表现力出众。他们的回答都是关于讲课内容、课程精通程度及评分是否公正的。我们对周围的人的喜好程度在很大程度上会受他们的外向程度影响，至少在初次见面时是这样。问题是表现力光环的效果非常强大，而我们对此一无所知。

老实说，我认为表现力光环十分危险，因为我们不应该根据表现力来评价他人。我们应该如何避免这种效应的侵害呢？又该如何应对他人被这种效应感染后带来的影响？

我把本章的结论告诉一位刚获得博士学位的见习同事，大约3周后，他半开玩笑地对我说："谢谢你帮我得到这份工作。"我问他："我帮你了吗？"他说，他在试讲时应用了比平时更富表现力的肢体语言，他也认为自己吸引听众的原因是强大的热情。他的成功是否源于表现力尚不明确，但很明显，富有表现力绝非坏事。

饭后谈资

1. 第一天和一段时间后的评估结果相同 学生在开课第一天及学期最后一天对教师的评估结果完全相同。

2. 6秒内确定教师水平 通过一段6秒的教师授课视频，即便是陌生人也能预测出期末时学生们对该教师的评价。

3. 热情的魔力 教师只要表现得更热情，不但可以提高学生对自己的评价，甚至可以提高他们对课本的评价。

第9章

如何识别“富爸爸”“穷爸爸”

CEO 长相影响公司前景？

面部越宽，CEO 能力越强？

仅凭 60 秒的录像，

无论谁都可以预测一个销售员的销售能力？

一面之缘后的简单评价比全面考察后的评价更靠谱？

“长相决定成功”并非玩笑话，

而是经过科学验证的真理。

在人生的漫长旅途中，一位教师的业务水准可能没什么人关心，毕竟这只是教育的一小部分而已；然而一家公司的表现就完全不同了，其成败可能影响好几百万人。如果它不断成长，发明新产品并创造利润，许多人便可因此获利：股东赚钱，员工有工作并为国家纳税，客户可以以合理价格买到所需产品。

公司作为经济体系的组成部分，必须面对市场竞争。安德鲁·卡内基曾这样描述企业竞争："虽然竞争法对公司略显残酷，但对整个民族却是有好处的，因为这保证了物竞天择，适者生存。"按卡内基及其他著名经济学家凯恩斯、哈耶克、熊彼特的说法，公司所面临的残酷竞争是发展、壮大的基础。

卡内基的观点可能是受赫伯特·斯宾塞的启发。这位英国哲学家于1882年来到美国，他被资本主义视为救星，受到商业领袖们的欢迎。作为当时的著名学者，斯宾塞将达尔文的进化理论融会贯通并应用在各方面，包括经济体系、机构。斯宾塞认为，资本主义公司同样是按照"适者生存"的规则运作（"适者生存"原本出自斯宾塞之口，却常被误解为达尔文的话。——译者注）。顾名思义，公司间相互竞争，而最适应当前经济环境的公司将兴旺发展，无所适从的则走向消亡。不少曾经兴旺的公司如瑞士航空、宝丽来、德劳瑞恩、泛美航空公司等，都因跟不上经济环境的变化而消亡；但像沃尔玛、通用电气、麦当劳这样创意不断、决策英明的公司则蒸蒸日上。

这样一来，CEO 就需要在变幻莫测的经济、消费环境中带领公司走向辉煌。像史蒂夫·乔布斯、比尔·盖茨、麦克·戴尔、马克·扎克伯格、沃伦·巴菲特等许多 CEO 不但与公司荣辱与共，而且成了家喻户晓的名人。即使在卸任后，他们的一举一动依然对公司影响颇大。虽然沃尔特·迪士尼早在 1966 年就去世了，但他对家庭的观念早已深深植入了迪士尼这一品牌。

既然 CEO 在公司中肩负如此重担，近年来又在公司中扮演了神一般的角色，那他们拿高薪也是名正言顺。过去几十年中，CEO 的工资大幅增长。1980 年，公司 CEO 的工资是员工平均工资的 40 倍，而到了 2010 年却上涨到了 350 倍。

因此，了解业界优秀 CEO 应具备的素质就十分有价值了。他们靠的是什么？个人魅力，商业洞察力，还是对行业的了解？不同人会得出不同的答案。登陆谷歌，你会发现各路神仙都号称自己清楚什么样的素质能让 CEO 成功，连学术研究结果也是五花八门。

长得越霸气，越有领导力！

预测公司业绩的能力极有价值。

股票交易员们每天都在努力预测多家公司的业绩为客户和自己谋利。但无论是街头扯淡还是学术研究，都无法找出 CEO 能影响公司业绩的特定个性特征。实际上，如果以 CEO 所运营的公司业绩来衡量他们成功与否的话，只要用最简单的信息就可以预测出来：一张照片。

尼古拉斯·鲁尔和娜莉妮·阿姆巴迪在塔夫斯大学时，提出过一项具有里程碑意义的研究。这项解决了一个简单问题：能否通过 CEO 的面部特征推断其公司的盈利状况？对 CEO 的行为和想法一无所知的人们，瞥一眼他的相貌并做出评分，这些评分就是鲁尔和阿姆巴迪所做研究的基础数据。研究人员请被试者观察 2006 年《财富》(*Fortune Magazine*) 杂志 500 强公司中，前 25 名和后 25 名共 50 家公司的男性 CEO 照片，并请他们对以下项目进行 1 ～ 7 分间的评分。

权势感 考查 CEO 干练程度、支配性和面孔的男性化程度；

温和度 考查 CEO 的受欢迎程度和可信任度；

领导能力 对“这个人领导公司的能力会有多强”打分。

对 CEO 与其公司一无所知的人，怎么可能通过他的面容就成功预测公司的效益呢？然而研究者发现，两者间的确有关系。

- 被认为更干练、更有支配性、面容更男性化的 CEO，他们公司盈利的可能性更大；而那些容貌毫无威信的人所管理的公司业绩基本是垫底的。
- 被试者认为领导能力强的人所执掌的公司盈利可能性更大。即使在排除 CEO 的魅力、年龄和照片上所展现的情绪后，这个结论依然有效。
- 被试者对 CEO 温和度的评估结果与公司的盈利情况没有关系。

一项后续研究表明，对干练程度和领导能力的评估也能预测女性 CEO 所执掌公司的盈利能力，但靠其他特征却无法预测。按鲁尔和阿姆巴迪的话说：“根据长相预测公司业绩的方法对男女 CEO 通用。”

他们又说：“这些结果告诉我们，对一个人进行简单判断后作出的评价可能比全面的考察更准确。”实际上，之前大多数研究都局限于员工对 CEO 的性格评价，这与公司的业绩毫无关系。而对 CEO 一无所知的人可以通过其面容预测公司的盈利状况，这项研究结果十分重要。未来，董事会在遴选 CEO 时，会不会考虑请旁观者来看看候选人的面容呢？显然这是值得采用的方法之一，因为它的客观有效性无法质疑。

从 CEO 面部特征预测公司业绩

考虑这一点时有个问题：我们之前在讨论学生对老师的评价时，评价结果是主观标准，因为这依赖于个人对高水准教师的理解。但鲁尔和阿姆巴迪对 CEO 的研究却不同，被试者对 CEO 的面容特征评分能预测的结果是客观可考的，即公司的盈利状况。也就是说，人们对他人权势感的主观认识，可以用来预测盈利状况这种客观结果。

那么，有没有客观方法能预测 CEO 所在公司的客观表现呢？我们可以从两方面回答这个问题：

> 首先，被试者对 CEO 身上可预测公司表现的特征具有感知力，其中有哪些客观变量可供我们使用？
>
> 其次，CEO 本人身上是否有可以客观测量的特质，能用以预测公司业绩？

为了回答第一个问题，鲁尔、阿姆巴迪请被试者对 68 张男女皆有的 CEO 照片各观察了 2 秒，并在他们观察时对他们的脑部进行了 fMRI 扫描。扫描是为了确定被这种观察活动激活的大脑区域。扫描后，被试者又被请到计算机前预测每位 CEO 的绩效并打分。最后，研究人员又请了另一组被试者对这些 CEO 的其他特征，如魅力、情绪表现力等打分。

平均来说，当看到业绩优秀公司的CEO照片时，被试者左脑杏仁核的活跃程度会比看到业绩不佳者时显著加强。研究人员认为这是因为业绩好的CEO“特征突出”，他们的面容比业绩不佳者更强势、更具支配性。

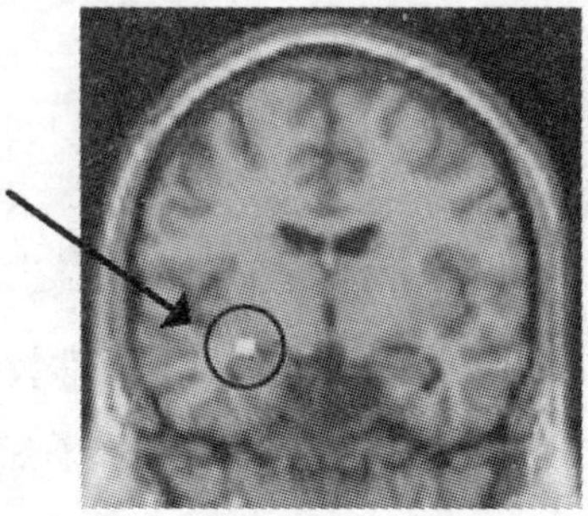

被试者在观察业绩最好公司的CEO时左杏仁核的反应

再来看第二个问题，威斯康星大学密尔沃基分校的一支研究团队研究了55位《财富》500强企业的男性CEO照片来寻找答案。他们特别注意观察了CEO的面部宽长比，这一特征与男性攻击性有关，也与权势感有关。CEO当然不可能一个人作决策，所以研究团队也考察了公司领导团队，了解他们在决策过程中倾向于简单服从命令，还是积极寻求意见多样化。

面部宽长比更高，或者说脸型更宽的CEO，更有可能执掌业绩好的公司，前提条件是领导团队必须唯CEO马首是瞻，服从他的指挥。研究人员还讲了一则关于通用电气CEO杰弗里·伊梅尔特的轶事，杰弗里与其他人相比，面部宽长比更高。研究人员说，20世纪中期，杰弗里要作出一个重要决定，虽然通用电气的管理团队对他的决策表示强烈反对，但最终服从了他。研究报告称，如果领导团队是服从性的，而公司的业绩又与CEO面部的宽长比相关，那么CEO会更积极提升公司的业绩。宽脸CEO是否更激进，还是说他们只是看起来更激进而已？目前尚不清楚，但领导者面部宽长比的确与公司业绩相关。当然了，我可不建议你根据CEO面部宽度选择股票。

现在看看你公司领导的照片，你能看出什么？一张照片会对其他人传递什么信息？这些信息又会怎样影响公司业绩呢？

长相决定成功，还是成功决定长相？

这些研究引出了一个有趣的问题：公司领导的面容差异究竟是天生的还是随着他们事业成功或人生阅历丰富而逐渐变得更具“领导相”呢？

我提出过一种假说：长相决定成功。部分人的天生面部特征可以让他们有更大机会担任领导。从这一角度来说，看起来像成功人士的人会更成功。这种效应会在许多地方发挥作用：人们可能将看起来更有统御力的人视为领导，也会更喜欢可爱的孩子。此外，长得像领导的人也更可能被委以重任以提高领导能力。因此，长相决定了机会，而机会又能带来通往成功的经验。

还有一种说法：成功决定长相。这种假说认为成功人士的面部会随着时间推移变得越来越“靠谱”。一些证据表明，长期的面部运动会留下皱纹并使得肌肉组织移位。也有数据表明婚后夫妻双方因为相处时间长，面部结构会变得相似。

虽然还没有确切证据能将两种假说区别开，但有两个研究带来了新的证据。

首先，有研究表明，脸更宽的CEO与愿意配合的董事会合作，企业更有可能获得优异的业绩。人脸的宽长比基本恒定不变，这说明CEO的成功既不会改变面部骨骼结构，也不会改变肌肉组织。这个研究等于变相支持了“长相决定成功”说。

另一个研究中，研究人员请被试者对美国100强律师事务所管理合伙人的长相温和程度与权势感进行评估。正如鲁尔和阿姆巴迪所发现的一样：被试者对管理合伙人当前照片中权势感的感知能预测律师事务所的盈利能力，对温和度的感知则不能。接下来，研究人员又请另一组被试者评估这些管理合伙人在大学年鉴中的照片。这些照片是在约30年前拍摄的，但结果与采用当前照片的结果并无二致。这一结果同样支持了“长相决定成功”的假说。盈利的律师事务放出的管理合伙人照片可能经过精心挑选和专业处理，以使其显得更自信、更有权势感。但30年前的大学年鉴却不可能如此处理。看起来“长相决定成功”似乎证据确凿，但研究者依然提醒大家：天生的长相并不能完全决定一个人是否成为成功领袖，只能增加成功的可能性，人生经历也毫无疑问有着不小的作用。

在讨论他人对CEO的评估与公司盈利状况间的关系时，我们还需要考虑文化与种族的影响。在美国，人们对CEO权势感的评价可以预测公司业绩，在日本却行不通。美国式的领导力特征，如权势感、支配性等，在日本文化中却并非领导应该具有的素质。此外，权势感和温和度的作用也会受CEO的种族影响。白人高管更为普遍，因此几乎所有研究都取材于白人CEO。对黑人CEO来说，长着一张娃娃脸的温和领导者的企业可能更有名，薪水也更高。研究人员认为：黑人CEO的娃娃脸削弱了大家对黑人男性“具有攻击性”的偏见。

20秒识别金牌销售“潜力股”

那又通过什么来预测员工，或者说销售人员的业绩呢？他们的业绩是否能通过某些信号推断？如果能的话，准确性又有多高呢？

我最近做了一件极不情愿的事：买了一辆新车。我与妻子做了一番调查后发现，我们的旧车追尾碰撞安全性指标（汽车安全测试的一种，评估的是汽车被追尾时对车内驾驶员和乘客的保护，这一性能指标对后排的乘客尤其重要。——译者注）太差，而后座又是儿子的专属座位，所以我必须买一辆新车。看了一大堆测评后，我俩选中了两种车型：丰田佳美和本田雅阁。这两种都是既安全又流行的车型，而且价格合适。

接下来的几天，我去了几家车行，很容易就发现了车行销售人员的差别。我遇上的第一位销售人员是汤姆，他个子很高，衣着整齐，年龄大约三十五六岁，金色头发，身材消瘦。我刚停好车，汤姆就走了过来，我一下车他就紧紧握住我的手做了自我介绍，然后问我：“先生，你想看点什么？”我告诉他我看上了他这里的几款车，想仔细看一看，如果可能的话还想试驾一次。我还告诉他我时间有限，希望他能帮我安排好。开始时，汤姆问了我一些调查性的问题，比如我对车有什么要求，打算要什么价位的车等。最打动我的是汤姆温和、热心的交流方式，他看起来十分真诚，不像一位销售人员而像我的同伴，仿佛他的任务是保证我能买到理想的车型。

另一家店则完全不同，在那里接待我的是鲍勃。他三十五六岁，棕色头发，身材健硕，举止得体。我在自我介绍后同样说自己时间很紧张，希望他能让我有所收获。虽然鲍勃与汤姆年龄相仿，但他们的谈话风格却完全不同。也许是他知道我时间紧张，鲍勃一开始没有问我任何问题，但他一听说我在附近的大学工作，就迫不及待地问了许多问题：学校学生的分布情况，校容校貌，以及哪些学科比较有名。虽然我出于礼貌简单回答了这些问题，但我感觉他似乎不重视我的需求。最后，当我们的话题终于回到车的时候，鲍勃反而不那么积极了。在带我看车时，他的演示很机械，没有根据我的需求进行调整。虽然鲍勃让我试驾了我选中的车型，但这家店给我的感受完全无法与上一家相提并论。

我敢打赌，汤姆的销售业绩一定比鲍勃更好。汤姆温和、热情、真诚，销售人员靠的就是在初次见面的最初几秒里向客户展示自己的积极性、情感及个人魅力。我们会迅速作出判断：他们懂不懂行？值不值得信任？对我的想法有没有兴趣？这些问题的答案会影响我们的决定，而且通常是无意识的。

销售人员的交流风格能在多大程度上左右顾客的购买决策呢？研究者请一家大型美国公司的高级管理人员根据业绩和上司对其评价将手下的销售人员分为两类：普通类和出众类。然后研究者又采访了这些销售经理，请他们描述了自己的教育背景、职业历程，以及职业生涯中的各种喜悦、低潮。接下来，研究人员从每次采访中随机抽取 3 个 20 秒的录音片段：一段关于教育背景和职业历程，一段关于职业生涯中的喜悦，一段关于低潮。研究人员又请了 8 个人做评判员，要求他们根据这 3 段录音对各位销售经理的几方面进行评分，既包括与其工作相关的素质如职业素养、判断力，也包括人际交往方面的素质如温和度、察言观色的能力等。此外，每位销售经理的焦虑程度也被列入评分项目。

这 8 位评判员都准确地分辨出了销售人员的能力强弱。有趣的是，焦虑程度、毅力以及决断力这些与其工作有关的素质评分对评判员评价其销售能力并无影响，起作用的信息是销售人员的人际交往能力评分。出众的与普通的销售人员相比，在温和度、协作性、热心程度、理解能力、积极程度、合作程度、感受他人情绪的能力以及察言观色方面得分更高。这一结果完全符合我在车行的经历。我一提出时间紧迫，汤姆立即表示出对我的理解和尊重；他提出了调查性问题，传达了将满足我的需求这一信息。与他交谈时，他既招人喜欢又积极主动，一直在介绍车的各种功能与车行提供的服务。

我们在生活中常被销售人员搭讪，也可能被其交流风格影响。对大多数公司而言，销售人员都是其命脉，有人说过：“无论是四通八达的网络还是创意无限的广告，都代替不了销售人员的地位，他们让我们的社会得以运作。”

我们在广告中也可以见到兜售产品的销售人员，而广告本身就是一个上百亿元的产业。一项统计表明，美国 2012 年的广告费用接近 1 400 亿美元。这些广告中的销售人员便可能影响我们的消费行为。

广播和电视广告是最简短也是最昂贵的广告形式：销售人员只有不到 30 秒的时间来打动客户购买产品。因为时间非常短暂，所以销售人员展示的非语言行为就会在很大程度上影响客户未来的购买决策。

如果你是一名企业家或经理，并且负责招聘销售人员，希望上面提到的研究能被你列为参考。如果我负责筹建一支销售团队，会先研究潜在客户会注意销售人员的哪些非语言交流信息。非语言行为的使用对满足客户的需求至关重要，娴熟地使用非语言行为能为客户解决问题，销售额的提高也就水到渠成了。

饭后谈资

1. CEO 的权势感可以预测公司的业绩　根据人们对财富 500 强企业 CEO 权势感的感知可以预测公司的业绩情况。

2. 大脑的活跃性可以预测公司的业绩　在观察公司 CEO 的照片时，他所管理的公司业绩越好，员工的大脑左杏仁核就越活跃。

3. 60 秒判断销售人员的业绩　仅根据 60 秒的语音片段，人们就可以分辨出销售人员的业绩出色与否。

第 10 章

基因的预言

5 岁瑞士小孩如何仅凭照片就能准确预测

法国选举中谁将脱颖而出？

你能根据照片准确预测哪位男性的能力更强吗？

令人震惊的是，

普林斯顿大学的学生只需短短 1 秒钟！

总统的身高不仅能用来预测他们能否胜选，

还能用来预测任期表现？

2012 年的投票日，我开车路过家附近的投票站，看见显眼位置树立着数不清的政治标语。我带着儿子穿过林立的模型炮，走进国民警卫队的兵工厂。过了一会儿，就有志愿者将我带入空出的投票站。我很高兴自己带着儿子一起来投票。

投完结束后，儿子问我为什么投给那位候选人，而不投给另一位。我向他解释了对我而言重要的社会和经济问题。之前，我坚信自己的选择是理性的，与我的价值观保持一致。然而回答完问题，我却开始怀疑自己的选择：是意识和理性思考指挥了我的投票，还是我受了某些表面现象的影响却丝毫没有察觉？我担心后者在我的决定中起了一些作用，而且可能在其他决定中也起了作用。但你马上就会学到，表面现象所起的作用与你想象的并不一样。

从第一印象预测个人前程

我一直认为，选举与万有引力一样，都是自然界的一部分，然而我错了，错得离谱。人类选举领袖的方式在自然界是独一无二的，蜜蜂中生殖能力强者当选领袖，猩猩中体格强壮、族群内影响力大者稳坐王位，人类社会则通过亿万人的投票来决定领导人。然而，民主选举制度一直到 18 世纪末才产生，它所经历的时光在人类文明史上不过是弹指一挥间而已。

大选对一国的人民和高高在上的政府来说都是至关重要的，它赋予了胜利者将自己的许诺付诸实现的神圣权利。政治学者们认为，放下工作、排长队去投票，对于将被选出的政府有积极作用。虽然人们可能意识不到这一点。

我带儿子去投票站的一个原因是，大部分美国人从小时候起就喜欢传播大选的价值以及对大选的敬畏。我仍记得 6 岁时，母亲打开 13 寸的黑白电视机观看里根的就职演说的情景。而老师们也在课堂上将民主代表制的重要性传达给了孩子们。两周前，我在家中整理旧物件，发现了我 8 年级的社会研究作业，作业中夹有地方、州和全国候选人的竞选宣传册。

不过，也有许多人不喜欢投票。总统大选中，只有 60% 的人会投票，其他选举则只有 40%。

美国人投票率低并非候选人不够努力。无论是竞选总统、议员还是州长，候选人都会将私人活动暂停几个月甚至几年，花费海量的时间和精力来进行竞选活动。当然，这些大规模的活动都缺不了动力的源泉：金钱。1896 年参加总统竞选的威廉·麦金莱曾说：“对政治来说，有两件事十分重要，第一是金钱，第二我已经不记得了。”现代竞选活动所需的时间与筹集的金钱高得惊人，而最近几年还在不断增长。

候选人在竞选活动中都尝试说服投票者：自己才是这个职位的最佳人选，自己的政策对选民最有利。他们会花费好几百万美元以及无数的时间，甚至暂停自己的生活以争取选票，不到投票公布日决不罢休。到了 11 月上旬，当你站在投票站前时，你应该把票投给谁？为什么？

几十年来的政治学和经济学都相信：投票时，投票人在考虑了经济状况、候选人的政治地位、表达能力和领导才能等多项信息的基础上，作出全面而理性的选择。然而，会不会有人没什么理由就投了某个候选人的票呢？

这个时代我们四周充斥着世界各地的信息，从女神卡卡（Lady Gaga）最新的“时尚”到地球另一端刚发生的灾祸一应俱全，这是过去无法想象的。各种消息铺天盖地，产生的渠道也真假难辨，政治消息只是其中一部分而已。仅仅这部分中，也有让人目不暇接的电视访谈观点。与此同时，我们的工作时间比以前更长，工资比以前更低，睡眠也比以前更少。

因此，即便美国公民可以畅通无阻地查询各类信息，但依然对政治程序以及候选人的政治立场知之甚少。午夜脱口秀节目主持人杰伊·莱诺走上洛杉矶街头，随机问了路人一些看上去十分简单的问题，比如副总统是谁，内战时的总统是谁。结果许多人根本答不上来。许多研究证实了这个让人可笑又可悲的事实。我随手就可以举出许多例子，比如：

- 60% 的美国人连 3 个政府机构的名称也说不出来。
- 只有不到 1/3 的美国人知道“罗诉韦德案”（1970 年，一位化名为珍妮·罗的女性起诉了达拉斯司法长官亨利·韦德，指控得州禁止堕胎的法律侵犯了自己的隐私权。按照美国所遵循的先例原则，此案成为判决相关案件时所必须遵循的先例。——译者注）的重要性。
- 美国宪法第一修正案（美国权利法案的一部分，于 1795 年 12 月 15 日通过。该修正案保护了公民的五种自由：集会、出版、言论、宗教信仰及向政府诉冤请愿的自由。——译者注）所保护的五种自由中，只有25%的美国人可以说出一种或更多。而每5个人里就有1个认为第一修正案保护的是拥有宠物的权利。

如果参加投票的基础是要求选民具有基础公民知识的话，那美国就完蛋了!

选民在对候选人政策的了解上，情况同样糟糕。2000年时，小布什和戈尔角逐总统前夕，研究人员请一些选民回答了12个关于两人政治观点的问题。比如:“你知道小布什对削减个人所得税的态度吗?”“你知道戈尔是否赞成将医疗保险的范围扩大到涵盖退休人士的处方药开销吗?”

大多数人在这12个问题中只能正确回答出2个，能够正确回答出两位候选人所有观点的人不到一半。研究表明，近年的竞选中，选民依然无知，而且情况直到今天也未好转。候选人和支持者做的30秒电视广告根本无法将自己的观点完整地传达给选民，这点并不奇怪。

选民既缺乏公民常识，又不清楚候选人的政策差别，那他们怎么投票?他们靠的是“直觉”，这是我们在做复杂判断时的一种思维捷径。在政治领域，我们可能仅凭自己对党派的喜好就决定投票给哪一方。

我承认，上次投票时，我对候选人就一无所知。大部分竞选活动都只在某个圈子里举行，如法医界、财务工作者等。我当时只用了“对党派的喜好”这条思维捷径，就决定投给其中一位候选人。我也可以用其他便捷方法来决定，比如看看报纸上推荐了谁，或是问一个与我政治观点相似的朋友他更支持谁。

但如果选民的直觉与政治无关，比如，候选人肤色、头发颜色、长相或是身高等，那又会怎么样呢?对此，历史上有两个例子给我们提供了答案，而现代科学为这些答案提供了部分解释。

这些答案可能会让你大吃一惊。

林肯为何蓄起大胡子？

早在 19 世纪 50 年代，政治家们就已经开始怀疑候选人的长相可能会影响选民对他的看法了。1860 年总统大选前几周，一位名叫格蕾丝·比德尔的 11 岁纽约州韦斯特菲尔德女孩看到了一张林肯的照片。照片中，林肯那招牌式的憔悴面容让她忍不住给这位未来总统写了一封信。

尊敬的林肯先生：

我爸爸刚回家，他从市场上带回了你和汉姆林先生的照片。虽然我只是个 11 岁的小女孩，但我觉得，你才应该是美国总统，希望你不要认为我的信太无聊。你有没有一个和我差不多大的女儿？如果有的话，请把我的爱转达给她，如果你没空给我回信，就让她写给我吧。我有 4 个哥哥，他们中肯定会有人给你投票的。如果你有大络腮胡子，我就努力让他们所有人都投给你。你留络腮胡肯定很帅，因为你的脸很瘦。所有女人都喜欢有络腮胡的人，这样她们就会逼自己的丈夫投票给你，然后你就能当上总统了。我爸爸会投票给你，如果我是个男人的话，我也会投给你，不过不要紧，我会努力让所有我能想到的人都选你。我觉得照片上的铁轨栅栏让你显得可爱极了。我有一个小妹妹，她才 9 个月大，也可爱极了。如果你要回信给我，就回给纽约州韦斯特菲尔德邵特克的格蕾丝。

我不能再写了，期待你的回信，再见。

格蕾丝·比德尔

小女孩格蕾丝察觉到了，林肯如果能够改变形象就会在大选中获胜。而林肯在竞选过程中也抽空写了回信给格蕾丝。

我亲爱的格蕾丝：

很高兴收到你的来信。

很抱歉，我没有一位与你一样可爱的女儿，只有 3 个儿子。他们一个 17 岁，一个 9 岁，还有一个 7 岁，加上他们的妈妈，这就是我的一家人。

说到络腮胡，我可从没蓄过。如果我现在开始留络腮胡，你认为人们会不会说我愚蠢地装腔作势呢？

诚挚祝福你。

你的朋友，林肯

林肯胜出后，曾坐火车到格蕾丝的家乡去看望她。格蕾丝后来回忆说："他来到月台上坐在我身旁，说'格蕾丝，看我的络腮胡，这是我为你蓄起的胡须'。然后他吻了我。那是我最后一次见到他。"显然这位 11 岁少女说服了来自伊利诺伊斯州的林肯：一个人的形象会影响别人对他的看法。

没胡子的林肯和大胡子林肯

肯尼迪凭形象打败尼克松?

100 年后，共和党在总统竞选时却忘记了这一点。1960 年 9 月 26 日，两位总统候选人上台进行了美国历史上首次电视辩论。当晚在家中观看肯尼迪和尼克松辩论的人达到了创纪录的 6 000 万。这次决战在芝加哥哥伦比亚广播公司的演播室里进行，两位候选人和主持人一起面对记者们的问题轰炸。他们当然清楚，这是历史性的一刻，他们的辩论不但会决定这届大选的结果，也会为以后的大选辩论立下标杆。

两位候选人集中讨论了当前国内问题，包括教育、老人医疗等。但决定辩论结果的并非两人的观点，而是两人的外表差距。

肯尼迪在辩论前一晚就到了芝加哥，他睡得很好。辩论当天，他对一群可能投票给他的选民做了一场小型演讲，小憩了一会儿，又与顾问们演练了一番辩论，然后轻松吃了晚餐。在哥伦比亚广播公司的演播台上，肯尼迪身着参加加利福尼亚竞选活动时量身定做的深蓝色西服，看起来年轻有型，活力十足。辩论前，顾问对肯尼迪如何面对镜头讲话，该以何种姿态倾听对手发言提出了建议。总体来说，他看起来不仅对辩论成竹在胸，而且已经有了总统范儿。

而尼克松则在前一晚深夜才到达，第二天早上又做了一场演讲，然后一头扎进酒店房间准备辩论。他那身灰色西服不像肯尼迪的衣着一般与电视台的黑白背景形成鲜明对比，而是和背景混成一团，他的身躯仿佛诡异地消失了。更大的问题是，尼克松看起来疲惫不堪、面色苍白、颤颤巍巍，而且毫无激情。虽然有哥伦比亚广播公司的化妆师帮忙，但两位候选人都谢绝了她的好意。不同的是，肯尼迪的化妆师只略微修饰了一下他刚刮好胡须的脸；尼克松则亲自上阵，用廉价的化妆品给自己上了个妆，结果弄巧成拙，反而暴露了他脸上的胡楂和苍白的皮肤。问题还不止这些，繁忙的竞选活动和严重的膝伤让尼克松显得异常消瘦。

尼克松在这场辩论中一败涂地。哥伦比亚广播公司主席弗兰克·斯坦顿后来回忆说:“肯尼迪像雕塑一般好看，尼克松因为刚出院而面色憔悴。如果你把手伸进尼克松的领子里，你连他的脖子都碰不到，他的衬衣太宽松了。衣服颜色很糟糕，胡子也没有刮，我实在为他感到惋惜。”后来尼克松回忆说，辩论后他立刻收到了反馈:“有人打电话来，甚至连我母亲都打电话问我怎么了，因为我的形象实在太糟了。”

尼克松在后来的辩论中没有犯同样的错误，他请了专业化妆师，把胡子刮得干干净净，还会饮用大量奶昔来补充营养。尽管如此，他还是没能扭转败局，因为大多数看了电视辩论的人都认为肯尼迪赢定了。有趣的是，从广播中听到两人辩论的选民却更倾向于相信尼克松会获胜，或者至少也该是个平手。让一群对此一无所知的大学生分别以听和看两种方式了解这场辩论，他们的看法也证实了以上观点。肯尼迪的外表和非语言特征赢得了民心。

肯尼迪与尼克松在 1960 年大选前的电视辩论

这场电视辩论对 6 个星期后的投票造成了什么样的影响，我们不得而知，但很多人都认为尼克松在辩论中憔悴的面容影响了他的形象。在这场辩论前，尼克松在民意调查中领先 1 个百分点，而辩论后，肯尼迪反超了 3 个百分点。美国东北大学一位研究辩论史的专家说："后续辩论都不重要了，肯尼迪在第一次辩论中给大家留下了如此正面的印象，尼克松想挽回败局太困难了。"当然，肯尼迪赢得了总统竞选，而票数差距非常小：肯尼迪 34 220 984 票，尼克松 34 108 157 票——0.16 个百分点。

1 秒钟预测哪个男人更有能力

尽管肯尼迪和尼克松的辩论是学术界的重要参考，但它只揭示了问题的一部分，而且还带有误导性。辩论结果显示，年轻、漂亮会影响我们对候选人的看法，但直到最近才有研究人员研究了候选人的外貌对选民的抉择有多大影响。这些因素对大选结果的影响十分复杂，也比我们大多数人想象的更严重。我们与政治科学工作者们口中的"理性人"相差甚远。而如果真是如此，那作为民主制度根基的大选制度就显得太虚幻了。

如果让我评选过去 10 年中，政治心理学界最震撼的一篇论文，那我会选择普林斯顿大学的亚历山大·托多洛夫与同事们发表在《自然》杂志上的一系列研究。想象一下，你参加了一项研究，被要求坐在计算机前，屏幕上闪过像下面这样一对对头像。对每一组头像你都要回答一个简单的问题，比如"哪一位能力更强"。

被试者们不知道的是，每一组照片中的两人都分别从属于共和党与民主党，他们是竞争国会议员时的对手。有些选举在这次实验前还未举行，如果被试者认出了候选人中的某一位，那么这组实验数据在分析时就会被删除。

哪一位能力更强？

如果你认为上图中左边的民主党人士比右边的共和党人士能力更强，那你就与参加测试的大多数普林斯顿大学学生看法一致。而2004年威斯康星州的参议员选举中，民主党候选人的确击败了共和党。

根据被试者对候选人能力的判断预测出的选举结果与实际结果不只吻合了这一次，其他选举中的准确率也十分高。被试者认为更有能力的候选人中72%竞选参议员成功，众议员选举中命中率也达到67%，这展现了我们非凡的瞬间判断力。研究人员甚至可以根据被试者对照片的评分预测出每位候选人的得票比例。更令人震惊的是，普林斯顿的大学生看照片的时间只有短短1秒钟！

虽然这项研究揭示了人们对候选人能力的印象与投票选择有关，但那些与胜选无关的因素也同样有意义。托多洛夫和同事们让被试者选择看起来更诚实、更值得信任、更有魅力、更讨人喜欢的候选人。能力评分能预测选举结果，其他特征却什么也预测不了。所以，一个人看起来干练比看起来可爱、诚实或是有魅力更重要。

考虑到候选人们都进行了几个月甚至几年的竞选活动，这些结果就让人唏嘘不已了。你甚至不用认识候选人，不用知道他们的政治方针、政绩、党派，只要对他们的照片进行 1 秒钟的观察就能准确预测选举结果。

我们都认为民主选举出的官员当选是因为他们能最好地代表人民对未来的期盼，而托多洛夫等人的研究结果告诉我们，人们只是靠直觉进行投票而已，而且直觉还都很差劲。

谁说小屁孩不懂政治

更让人惊奇和不安的是一个关于瑞士小学生的研究：研究人员让 5 ～ 13 岁的孩子玩一个模拟航海游戏，模拟的航路是从特洛伊城驶向伊萨卡岛。游戏结束后，研究人员给孩子们看了几组照片，照片中是两人一组的法国议会候选人。研究人员问了孩子们一个问题："如果你乘坐的船现在要从特洛伊城开往伊萨卡岛，你会选择哪一位做你的船长？"

如果你对朋友说 5 岁的孩子就能准确预测另一个国家的选举中谁会获胜，他们会对你嗤之以鼻。可这正是瑞士研究团队所发现并发表在《自然》杂志上的结果：被孩子们选作船长的候选人在议会竞选时获胜的几率达到 71%。这与成人评估同一组候选人时的准确率相差无几。

我在写下这一章时，我 6 岁的儿子在我身后看到了托多洛夫与同事们研究的两位参议院候选人的照片。我问他："如果你在一艘大船上准备进行远航，你会选择哪一位做你的船长？"他马上回答："左边那个，他看起来当船长比较好；另外一个人看起来也行，但他没那么像船长。"

从这个实验衍生出的一个研究中，研究人员也给一些儿童看了奥巴马与麦凯恩、奥巴马与希拉里的照片。结果正如你猜的一样：前一个组合中奥巴马得票超过麦凯恩 77%，后一个组合中奥巴马超过了希拉里 90%。瑞士儿童研究所指出，儿童进行判断所依据的知觉线索与成人相同，这说明这些知觉推断在人的发育前期就形成了。

通过这些类研究可以断定：通过外貌推断其干练程度对人们政治倾向的预测非常稳定。至于为什么有些人看起来干练，有些人看起来不可靠，这是一个还未解决的问题。

干练程度似乎与候选人面部展现的领导能力、智力水平、可靠程度、魅力以及情绪稳定程度都有关系，但目前来说，我们尚不清楚人们是如何作出判断的。

我们清楚的是，人们可以在瞬间判断出人的干练程度。在一项研究中，通过被试者在1/10秒内对候选人干练程度的判断就可以准确预测选举结果，而且准确率与人们的观察时长没多大联系。唯一能影响到被试者判断的，是有人告诉他们要认真考虑自己的判断。一旦告诉被试者要仔细斟酌，而非依靠“感觉”来判断，预测的准确度就会大打折扣。

候选人的外貌与竞选结果间的联系也许有其他解释：或许看起来更干练的候选人提交的是比较出众的照片；或许人们对干练程度的印象与种族、性别有关；或许一个人的党派能解释他对干练的判断；或许目前在位的人会被人看做干练而更易连任；或许只有在自由派和保守派（指美国政治中的两党。一般自由派指民主党，保守派指共和党。——译者注）候选人竞争时干练的印象才管用；或许人们将熟悉的面孔选为更干练的，导致越熟悉的人越容易竞选成功。以上解释都是可能的，但暂时没有数据支持这些可能的观点。

已有证据证明，他人对候选人的印象与其真实能力间没有关系。但我们清楚，如果一个人想在政治上成功，那“看上去很干练”是非常重要的素质。

显然，对一个人干练程度的看法并非预测选举结果的全部根据。有一些看起来不怎么干练的候选人获胜了，也有一些看起来很干练的人却输了。许多面貌特征都在其中起作用，只是不如干练程度那么可靠而已。

长得漂亮，不如长得干练

我们都有从小就印象深刻的电影，我的电影是《摩登保姆》(*Weird Science*)。这部电影刻画了两名叫怀亚特和加里的中学生，他们梦想自己能既有社交能力又招人喜欢，这样就能吸引女孩子了，但他们又意识到这恐怕只是做梦而已。

于是在无聊感和好奇心的驱使下，两个男孩决定用家中的电脑设计一位他们心目中的完美女性。为了制造这位完美女性，他们下载了各类数据和照片，然后将一个芭比娃娃连上计算机并上传了相关数据。忽然一道闪电爆射而出，浓烟过后，一位美丽的女性出现在两个目瞪口呆的学生面前。最后，她帮助两个孩子实现了梦想——变得受人欢迎。

政治策划师、竞选活动管理者及党派领导人都与怀亚特、加里一样，希望能够为将来的大选定制、培养、教育出一个政治形象完美的候选人。在政治世界中，候选人的形象永远重要，而研究者则通过科学的方式找到了会对候选人形象产生影响的特征。

长得漂亮，不如长得干练　候选人的理想面孔中应该透露着干练、可靠、稳定、聪明的气质，昭示着干练的领导力。候选人的面孔越老成、越面善，就越容易获得选票。而其他许多面部特征，如诚实、焦虑程度、热情、温和、可信度、可爱等，则和选举结果没有关系。

完美的候选人面孔绝不能让人感到害怕。曾有人研究过两位微笑的议员候选人哪一位看起来更恐怖？最终得出结论，被认为更恐怖的候选人输掉选举的可能性更高。

也许你会认为候选人想获胜则需长相漂亮，但有些研究证明了这一点，另一些则表明两者没有关系。甚至有研究表明，长得好看的候选人输掉选举的可能性更大。

不过这个研究针对的是那些外表好看而非干练的候选人。因此研究人员说："如果候选人看起来不那么干练，试图把他打扮得更漂亮很可能会搬起石头砸自己的脚。"

最后，选举的时代背景也可能影响选民对长相的反应。证据表明，选民在战争来临时更喜欢男性化而有统治力的领导者，和平时期则喜欢有智慧而不大男人主义的人。

嗓音低沉者能力更强　理想的总统候选人嗓音要比对手更低沉，当然，这只针对于男性。

研究人员测量了1960—2000年的美国总统候选人在电视辩论中的嗓音质量，结果，嗓音低沉的总统候选人在普选中获胜率是惊人的100%。

嗓音的对决

2000年	小布什对戈尔＊
1996年	克林顿＊对多尔
1992年	克林顿＊对老布什
1988年	老布什＊对杜卡基思
1984年	里根＊对蒙代尔
1980年	里根＊对卡特
1976年	卡特＊对福特
1960年	肯尼迪＊对尼克松

＊嗓音低沉者，按照选民票计算的获胜者。

研究人员提出假说：男性低沉的嗓音标志着支配性和睾酮水平高。这样的选择或许是因为在演化史上，支配性越高的人适应性会更强。

高个子胜选几率更大　林肯是最高的总统，身高 1.93 米；最矮的总统麦迪逊身高只有 1.63 米。1796—2012 年，同届的两位总统候选人身高不同的共有 46 次，而在这 46 次中，高者获胜 26 次，矮者获胜 20 次。如果只看选民票而排除选举人票的话，高者获胜 29 次，而矮者只有 17 次。虽然矮个子候选人中大多数都超过了当时的美国人均身高，但从数据看，高个子候选人更占优势。

20 世纪之后，政治形象和媒体变得日益重要。如果你研究过 20 世纪以后的选举，就会发现身高和胜选间的关系越来越大。只看选举人票的话，高个子候选人获得了 70% 的胜利；看选民票的话，高个子胜率还要更高，因为戈尔在 2000 年的大选中虽然获得了多数选民票，却在选举人票数的较量中败北。无论从哪个角度看，高个子候选人都比矮个子更占优势。有趣的是，在州长选举中，身高与胜选没有任何关系。

在总统称职程度的民意调查中，身高定律同样适用。评价总统是否称职是个很微妙的问题：事业有起有伏，所以根据调查时间、调查对象的不同，结果也会各异。然而，在这些调查结果间也有着一致性：林肯与华盛顿几乎总是排在最佳总统之列，而布坎南和哈定也几乎肯定排名最末。

带着这些问题，我列出了从华盛顿到小布什的这段时间内的所有总统，并画出了 2005 年由专业研究总统的学者们所评的分数。为了公平起见，给总统评分的两党学者人数相等。我做了简单统计，发现总统的身高与得分成正比。也就是说，相比矮个子总统，高个子总统更容易获得高分。

学者们的说法，三位最伟大的总统是华盛顿、林肯和罗斯福，他们三人的平均身高是 1.89 米；而三位最糟糕的总统是布坎南、哈定和皮尔斯，他们的平均身高是 1.81 米。当然，任何统计趋势总有例外，杜鲁门与艾森豪威尔都不到 1.8 米，但大多数学者都认为他们可称得上伟大。

总统按照身高分类

高候选人获胜	矮候选人获胜
奥巴马（2008 年）	奥巴马（2012 年）
克林顿（1996 年）	小布什（2004 年）
老布什（1988 年）	小布什（2000 年）*
里根（1980 年）	卡特（1976 年）
里根（1984 年）	尼克松（1972 年）
尼克松（1968 年）	柯立芝（1924 年）
林登·约翰逊（1964 年）	威尔逊（1912 年）
肯尼迪（1960 年）	麦金莱（1900 年）
艾森豪威尔（1956 年）	
艾森豪威尔（1952 年）	
杜鲁门（1948 年）	
罗斯福（1932 年）	
罗斯福（1936 年）	
罗斯福（1940 年）	
胡佛（1928 年）	
哈定（1920 年）	
威尔逊（1916 年）	
塔夫脱（1908 年）	
西奥多·罗斯福（1904 年）	

* 如果以选民票计算，2000 年获胜的是戈尔，但最高法院拒绝重新计票，使佛罗里达州的选举人票归小布什所有。

历届美国总统称职程度得分

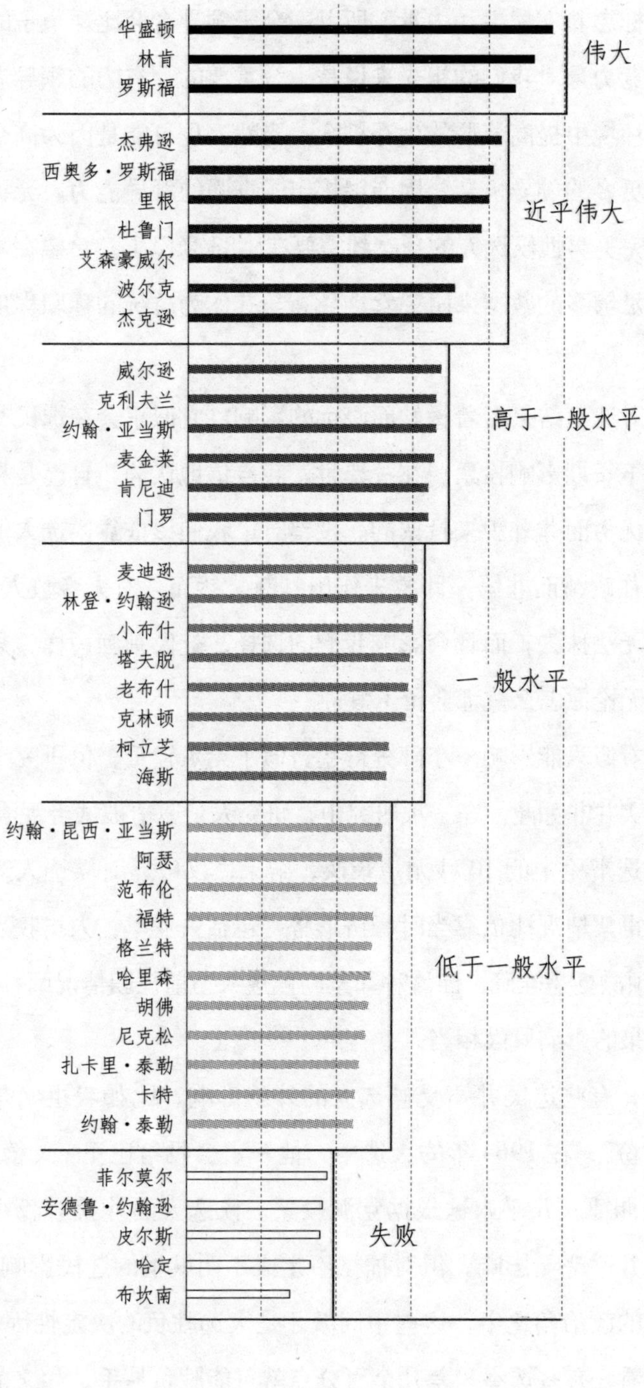

身高和政治成就之间的关系，在遗传学和环境学有着不同的解释。因为身高标志着支配性和力量，所以高个子领导者会比矮个子的更受欢迎。毕竟力量对我们的祖先来说是十分重要的，有力的领导者可以在艰难的环境中提高族群的生存机会。当然，也可能是因为高个子从小能获得更多的领导机会，因而锻炼出了更强的领导能力。无论哪一种解释，完美男性候选人的身高都需要在 1.83 米以上。希望在不久的将来能有足够多的数据来研究女性身高与其作为总统的称职程度间的关系。

外貌对选举结果有着微妙而深远的影响，它似乎会在选民毫无知觉的情况下长期影响投票。在投票时，我自信地认为，自己是根据执政能力的优劣而非外貌来投票的。投票时，我们该依靠候选人的政策观点和既往政绩而非第一印象来作出判断。然而，对大多数人来说，第一印象无法抹去，而且会影响我们的选择。就像画画一样，只要画错一笔，无论你怎么擦都会留下痕迹。

外貌看似只能影响一小部分得票，似乎无足轻重，但研究结果告诉我们事实并非如此。在一项研究中，研究人员邀请被试者观看了 58 场州长竞选辩论中的 10 秒无声录像，结果，仅依靠对候选人的印象来预测其得票情况比依靠当时经济形势（包括失业率、人均收入和房价等）的预测更为准确。而这种印象与候选人当前任职情况两种因素，对选举结果的影响旗鼓相当。

当然，有些选民并不受候选人的外貌影响。比如我祖父是共和党“死忠粉”，在 1964 年的大选中，他一定会投给巴里·戈德华特。祖父学识渊博，几乎永远根据党派投票。候选人的外貌对我祖父这样的选民几乎毫无影响，但对摇摆不定或不明就里的选民影响甚大。而在当前的政治角逐中，这些中间派才是大选胜负的决定性因素。

想想看，有些选举只差几个百分点就可能胜负易手。如之前提到的肯尼迪击败尼克松，再比如 2008 年，阿尔·弗兰肯仅凭 312 张选票的优势，在一场关键的参议员选战中击败了对手诺姆·科尔曼。根据官方统计，在 2000 年的总统选举中，小布什依靠 0.0092% 的优势赢得了佛罗里达州的选举人票。

怎样超越表象选对人？

在本章中所讨论的内容对选民、政治领袖和社会都有重要影响。鉴于候选人外貌与选举关系间的研究，我准备提出几个建议。

建议 1：关掉电视，改看报纸　电视增大了候选人长相对选民的影响，这一点在不明就里的选民中表现得尤为明显。你对政策了解得越多，电视看得越少，候选人的外貌对你的影响就越低。

建议 2：时刻提醒自己对媒体宣扬的美好形象保持警惕　一项研究考查了小布什和奥巴马在任时，各种新闻网站对他们的描述。有些网站的描述为保守派所钟爱，也有些符合自由派的口味。在那些对选情一无所知的人看来，奥巴马的形象在“自由派”媒体新闻中比“保守派”媒体新闻中更干练、更温和，而小布什则正相反。更有甚者，这些新闻网站不仅在对其描述上有所偏差，而且连照片也是如此。所以，在阅读收集信息时要小心，新闻对你产生的影响可能比你想象的还要大。

建议 3：以批判的眼光看待候选人　评价一个候选人时，主动抵制候选人外貌可能造成的影响。批判性地分析候选人的政治主张及领导潜能，从而理性地选择，而不是跟着感觉走。你的感觉很可能与候选人将来的称职程度不一致。

建议 4：不要在选票上印候选人的照片　政府最不应该做的一件事就是在选票上印候选人的照片，而全世界有很多国家都在这么做。

在候选人的名字旁边印上照片是好心帮选民辨认要投票的对象。但上面谈到的研究却表明，选票上的照片会放大候选人外貌对选民的影响，尤其是在选民对候选人知之甚少的情况下。

大学挑选学生基本是按照他们的统考成绩，专业球队选拔队员凭的是运动员的既往战绩和身体素质，《财富》500强公司遴选CEO挑的是他们的领导潜能和眼界，但自由世界的选民们投票选择领导人看的却是他们的长相。科学似乎证实了柏拉图的论点：不要认为平民能对公共福祉作出明智的决断。在《理想国》（*The Republic*）中，柏拉图声称：民主会让没有能力治理国家的煽动政治家获胜，其中部分原因就是凭借他们的外表。

建议5：请科学家当政治顾问 如果我有能力影响党派对参选候选人的选择，我会先请一位专家来进行本章中讨论过的实验。采用一些简单的研究，拿到简单的数据，就可以确定候选人是否符合大众心中的完美领导人形象。

建议6：在你支持的政客身上下注 这是个玩笑。爱荷华大学有一个大选胜负赌博市场。如果想赚钱的话，就不要听那些政治评论员的，因为有研究表明他们预测的准确性和我能打中高尔夫球的概率差不多。声明一下，我能否打中高尔夫球完全靠运气。如果我们仅凭对候选人的印象就作出准确预测，那还要这些评论员做什么呢？如果只是你一个人，不一定能准确看出哪个候选人更干练，所以我们得找一大帮朋友来帮忙！正如我在本章提到的那些研究一样，如果将人们的答复统计出来，预测的准确性就会提高。你需要问多少人呢？一项研究答复说40个。我个人对大选赌博并不感冒，不过如果你想赌，那听听周围朋友们的意见可能会比听政治评论家的更靠谱。

报纸和新闻总在感叹金钱对胜利的作用，却很少有人关心外貌因素也改变了许多次大选结果。从这上面来说，政治并不仅仅是由金钱驱动的，也是由各种各样的候选人外貌所左右的。如果你正准备竞选高官，那么你最好让自己“看上去像那么回事儿”。

饭后谈资

1. 1/10 秒预测大选结果　通过 1/10 秒对候选人干练程度的感知就可以预测选举结果。

2. 小屁孩看人也很准　即使是 5 岁的孩子也能预测选举结果。

3. 个子高，干得好　通过总统的身高不仅能预测他们能否胜选，还能预测他们的任期表现。

THE TELL

The Little Clues That Reveal Big Truths about Who We Are

结 语

“我真是看错人了！”证明你需要这本书

我衷心感谢你花时间阅读本书。我的主要目标是帮助你更系统地观察他人的非语言信号和表现，也帮助你了解人脑有多少预测能力。

我希望本书至少达成了一部分目标。比如：我们看到了在幼年什么样的行为可以预测自闭症，见识了照片是如何透露出人的个性和攻击倾向的，明白了微笑与否可以用来预测婚姻的稳定性，了解了怎样用微表情看穿谎言，也学习了如何用面部结构预测公司利润甚至选举结果。在生活中各个方面，非语言行为信号和外貌都透露出某些关于过去和未来的关键信息。我为此深深着迷，希望你也和我一样。

然而我也必须提醒大家（包括我自己）：切勿自大。我们在与他人会面或沟通的过程中总在不断地形成和修正自己对他们的印象。譬如昨天，我第一次见到我儿子的一个朋友。

总体来说他是个不错的孩子，不过他似乎对我儿子表现出攻击性和暴力倾向。他在我们家沙发上跳上跳下，把玩具四处乱扔，还摔坏了架子上的小摆设。像这种情况，第一印象就很可能会一直保留在脑海里。为什么呢？因为我们的大脑有这样一种倾向，即记住那些支持第一印象的证据，而忘记或者曲解那些不支持它的证据。我们需要牢记：我们的印象和推断都很可能是错误的，而我们必须不断寻找和直觉矛盾而不是和其一致的信息。当那位小朋友下次来时，我需要额外花点力气观察他不那么野蛮的行为（如果的确有的话），而不是只注意到他的粗野行径而加深第一印象。

人类思维所犯的另一个错误：认为发生过的事情比没发生的更容易预测。比如“男（女）朋友有没有对我撒谎”和“哪位候选人将会赢得这个关键职位”这两个问题。当你回过头看时，你觉得它们本来就是轻而易举被预测的事情，仿佛你“早就料到了”似的。不幸的是，我们准确理解已发生事件的感知能力让我们对自己的预测能力盲目自信。我们觉得自己的预测肯定非常精准，然而实际上却往往出错。在出错之后我们往往还对事实选择忽略或是曲解。

大量研究表明，预测者的自信和预测的准确度毫无关系。在判断他人性格时你可能信心十足，但是这跟你的判断有多准确无关。我们都不希望由于自己对一个人的误判而完全失去对他的了解。因此我总在提醒自己：预测一般是根据概率规律而非确定规律。

那么根据信号进行预测的科学其未来在哪里？坦白说我们尚不清楚，但是随着科技的发展，它也会成为逐渐完善的科学体系。也许未来我们会越来越频繁地使用科技产品检测和诠释本书中讨论过的信号，也许科技会增强我们根据信号进行准确预测的能力。最明显的例子是，机场已经安装侦测恐怖分子的高清摄像头以及检测其他生理指标的装置。

不过，虽然科技提高了我们的预测能力，但也同时削弱了我们的感知能力。社交媒体发挥的作用越来越大，也意味着面对面的交流越来越少。最近我的一个朋友让她女儿打电话给朋友以解决一场争执，她女儿说："我还是发短信给她吧，打电话我根本不知道该说什么，我们没有打过电话。"短信和其他通信手段让我们在一定程度上不再需要直接和他人对话。我们不知道如果一辈子都在这些技术的包围中度过，自己会有怎样的变化。但是我们都很清楚，我们的预测能力可能会因为这些科技玩具而消失殆尽。

但总体而言我仍然很乐观。技术的确会让我们的能力退化，但它同样也可以增强能力。科学还会继续发展，继续找出有实际预测作用的蛛丝马迹，而不是那些我们自认为有效的"马脚"。